CONNAISSANCE DE L'ORIENT

Souvenirs

par
Rabindranath Tagore

TRADUIT DE L'ANGLAIS
PAR E. PIECZYNSKA

nrf

GALLIMARD

Titre original :

SOUVENIRS

Rabindranath Tagore est né en 1861 à Calcutta. Il est le quatorzième enfant d'une famille aristocratique appartenant à la caste privilégiée des brahmanes, qui se vouait au renouveau spirituel du Bengale. Rebelle aux études classiques, éduqué surtout par son père, il fait cependant un séjour en Angleterre, de 1878 à 1880, sous prétexte d'apprendre le droit. Il publie un récit de ce voyage dans un journal fondé par deux de ses frères et commence à écrire des poèmes et des drames musicaux.

En 1883, il publie *Chants de l'aurore*, épouse une fillette de dix ans, qui appartient à sa caste, et son père l'envoie gérer le bien familial de Santiniketan, à cent cinquante kilomètres de Calcutta. Non seulement il s'acquitte admirablement de sa tâche, mais encore, frappé par la misère des paysans, il décide de se consacrer à l'éducation de ses compatriotes déshérités et fonde une école qui deviendra une institution au renom international et qui prendra, en 1922, le nom d'Université de la Fraternité mondiale.

En 1904, il publie un essai politique en faveur de l'indépendance de l'Inde. Puis c'est *L'Offrande lyrique*, qu'André Gide traduira en français. Devenu célèbre,

Tagore voyage sans trêve à travers le monde, pour diffuser son idéal de tolérance. En 1913, il reçoit le prix Nobel de littérature. En 1921, il fonde l'université internationale de Viçva Bharati, à Santiniketan.

Rabindranath Tagore meurt à Santiniketan en 1941. Ses idées auront eu une grande influence sur Gandhi et Nehru. Son travail d'éducateur lui vaudra le respect et l'admiration universels. Son œuvre se compose de très nombreux romans, contes, poèmes, pièces de théâtre, et de quelque deux mille tableaux.

PRÉFACE

DE LA TRADUCTION ANGLAISE

Ces souvenirs ont été écrits par l'auteur dans sa cinquantième année, peu avant son départ pour l'Europe et l'Amérique, en 1912, l'année même où parut le premier livre rédigé par lui-même en anglais.

Ces tableaux rétrospectifs, présentés d'une manière toute familière et comme en se jouant, contiennent néanmoins l'histoire suivie de sa vie intérieure et celle des diverses productions littéraires en lesquelles sa personnalité trouva successivement expression jusqu'à l'âge où son âme et sa poésie atteignirent à la maturité.

Le ton enjoué de la narration et le sérieux de son contenu se combinaient pour lui donner un caractère difficile à rendre en une langue étrangère. Le présent traducteur, dont l'anglais n'est pas la langue maternelle, n'aurait pas assumé sa tâche sans y être conduit par des considérations particulières. Ce fut sa familiarité avec les personnes, les lieux et les événements décrits qui lui en inspira le désir et il s'y décida pour ne pas laisser la responsabilité de ce travail à un traducteur privé de ces avantages, qui aurait pu laisser échapper quelque trait ou donner de quelque autre une impression erronée.

L'auteur, en accordant son autorisation à l'entreprise, conseilla de faire de l'ouvrage une traduction libre. Celle-ci, achevée avant le départ du poète pour le Japon, put lui être soumise en partie et obtenir son approbation.

La liberté de la traduction a consisté en ceci, que des allusions difficiles à comprendre pour le lecteur étranger ont été un peu plus développées qu'elles ne le sont dans l'original, tandis que d'autres, dont le sens aurait pu échapper complètement, ont été omises, afin de ne pas altérer par trop d'explications la simplicité et le naturel qui caractérisent ce livre.

Aucune note ne se trouve dans l'original. Toutes celles qui figurent au bas des pages de ce volume ont été ajoutées par le traducteur.

1. —

Je ne sais qui peint des images sur les écrans de notre mémoire, mais à coup sûr, ses tableaux sont des œuvres d'art. Il ne reproduit pas machinalement tout ce qui se passe. Il prend et laisse ce qu'il lui plaît, agrandit ou diminue les événements, sans scrupule, il relègue au second plan ce qui se trouvait au premier et met en vue ce qui se cachait en arrière ; en un mot, son œuvre est celle d'un peintre et non pas d'un historien.

A mesure que la suite des événements se déroule à la surface de nos vies, une succession de tableaux surgit dans sa profondeur. Entre l'une et l'autre série, il y a correspondance, mais les deux ne sont pas identiques et ne se confondent point.

Nous n'avons pas le loisir d'étudier à fond au dedans de nous cet atelier de peinture. Un panneau ou l'autre frappe nos regards, le reste demeure dans l'ombre. Qui pourrait dire dans quel but travaille le peintre infatigable, quand son œuvre s'achèvera, à quelle galerie ses tableaux sont destinés ?

Interrogé, il y a quelques années, sur ma vie passée,

j'eus l'occasion de visiter ce musée intime, dans l'intention, d'abord, d'y choisir quelques données pour une autobiographie. Mais dès que la porte fut ouverte, je constatai que les souvenirs d'une vie ne sont pas son histoire, qu'ils sont l'œuvre originale d'un artiste caché. Le coloris varié des toiles n'est pas dû aux jeux de lumière du dehors, il émane du peintre lui-même, il surgit de son cœur et porte le reflet de ses passions. Par cela même, ces tableaux seraient disqualifiés pour témoigner en justice.

Quoi qu'il en soit, et quelque vain que fût un effort pour tirer des données historiques de la galerie de nos souvenirs, la contemplation des images qui s'y trouvent est attachante, et son charme me fascina. Au moment où nous y passons, la route de notre voyage, l'abri où nous faisons halte au bord du chemin ne font point tableau ; mais le soir venu, avant de trouver le repos dans l'hôtellerie, si nous jetons un regard en arrière sur les cités, les prés, les rivières, les collines parcourus au matin de la vie, alors, à la lumière décroissante du jour qui baisse, les choses se présentent dans un ensemble pittoresque. C'est ainsi que je les contemplai, et j'en fus captivé.

L'intérêt que ces images éveillèrent en moi ne provenait-il que de l'attachement pour ce qui me concerne moi-même ? Assurément, quelque chose de personnel devait s'y mêler, mais il n'en est pas moins vrai que ces peintures ont leur valeur artistique. Ma vie ne contient point d'événement digne d'être immortalisé ; mais dans un récit, la qualité du personnage en scène n'est pas seule digne de commémoration. L'expérience vécue par un être humain, quand il est possible de la communiquer à d'autres, a toujours de l'importance pour ses semblables. Si les tableaux peints dans ma mémoire peuvent être reproduits en paroles, ils ne seront pas déplacés dans la littérature.

Ces images empruntées à mes souvenirs, c'est donc comme des matériaux littéraires que je les présente. Y voir un essai d'autobiographie serait une erreur, car pour un tel but, mes réminiscences seraient aussi incomplètes qu'inutiles.

2. — Je commence à m'instruire.

Nous étions trois petits garçons qu'on voulait élever ensemble. Quand mes deux compagnons, plus âgés de deux ans, furent placés sous l'autorité d'un précepteur, l'instruction commenca aussi pour moi. Je ne me rappelle pas du tout ce qu'on m'enseigna, mais quelques mots résonnent au fond de ma mémoire : « L'averse crépite, la feuille palpite. » J'étais à l'ancre après l'orageuse traversée du *Kara Khala* (premiers exercices de lecture), et je savais lire : « L'averse crépite, la feuille palpite. » Ce fut pour moi la première ligne du Poème de l'univers.

Quand je pense au plaisir que ces mots me causèrent, je me rends compte du rôle que joue la rime dans la poésie. Par la rime, la phrase poétique s'arrête sans se terminer ; les mots se taisent, mais la musique se prolonge ; l'oreille et l'esprit continuent de jouer avec la rime et de la faire sonner. C'est ainsi que l'averse continua de crépiter et la feuille de palpiter jusqu'à ce jour dans mon souvenir.

Voici une autre réminiscence de cet âge tendre : Nous avions un vieux caissier, du nom de Kailash, considéré comme un membre de la famille. D'humeur joviale, il aimait à taquiner plaisamment jeunes et vieux, surtout les nouveaux gendres récemment adjoints au cercle de famille. Cette tournure d'esprit, il paraît l'avoir emportée outre tombe, car après sa mort, mes aînés s'étant avisés d'inaugurer, au moyen d'une planchette, un service postal avec l'autre monde, et la planchette ayant un jour griffonné le nom de Kailash, on l'interrogea sur la vie qu'il menait là haut. — « Vous n'en saurez pas un traître mot, fut-il répondu ; ce serait par trop commode d'apprendre à si peu de frais ce qu'il m'a fallu mourir pour savoir ! » Or ce Kailash, quand j'étais bambin, se plaisait à m'émerveiller en me récitant avec emphase une ballade qu'il avait composée et dont j'étais le héros. Il y était question d'une héroïne attendue. L'intérêt devenait palpitant à la description de cette fiancée ravissante, trônant comme une reine au milieu d'un tableau qu'elle illuminait. L'énumération des joyaux dont elle était parée des pieds à la tête et celle des splendeurs inouïes des préparatifs de la noce auraient pu tourner des têtes moins jeunes et plus solides que la mienne. Cependant ce qui captivait le petit auditeur, ce qui faisait surgir des images délicieuses devant ses yeux, c'était la rapide musique des rimes et le prestige du rythme entraînant.

Telles furent les deux premières jouissances littéraires de ma vie. La troisième fut cette ligne classique de nos chansons du premier âge : « La pluie tombe pit-à-pat, La marée remonte la rivière. »

Un autre souvenir me revient, celui des débuts de ma vie d'écolier. Un jour, je vis mon frère aîné partir pour l'école avec Satya, le fils de ma sœur, plus âgé aussi que moi. Me jugeant incapable, on me laissait en arrière. Or je n'avais jamais été en voiture, jamais même je n'avais quitté encore la maison (1).

Quand Satya revint, débordant du récit brillant de ses aventures de voyage, je sentis qu'il m'était simplement impossible de rester à la maison. Notre précepteur s'appliqua à dissiper mes illusions par une tape retentissante, accompagnée de ces mots : « Vous pleurez, à présent, pour aller à l'école ; vous pleurerez bien plus un jour, pour n'y plus aller. » J'ai oublié le nom, les traits et le caractère de ce précepteur, mais l'impression de ses paroles et de son soufflet a été durable. Jamais je n'ouïs prophétie plus véridique.

C'est ainsi que mes pleurs m'ouvrirent prématurément la porte du « Séminaire oriental ». De ce qu'on enseignait là je n'ai plus la moindre idée, mais je

(1) La résidence de la famille Tagore est un assemblage d'édifices de trois étages, dont l'ensemble a été agrandi à mesure que s'accroissait la nombreuse famille qui l'habite. Les corps de logis sont construits en quadrilatères autour de plusieurs cours ou jardins intérieurs, domaine spécial des femmes et des enfants. Les façades extérieures des bâtiments sont ornées de colonnades et, sur la face intérieure, s'étendent, à chaque étage, d'étroites galeries ou vérandas qui donnent accès à l'enfilade des chambres.

me souviens d'une des punitions qu'on nous infligeait : l'élève incapable de réciter sa leçon était placé sur un banc, debout, les bras étendus ; sur la paume de ses mains ouvertes, on empilait un certain nombre d'ardoises, qu'il devait tenir en équilibre pendant un temps donné. Les psychologues nous diront peut-être jusqu'à quel point cette pénalité peut conduire à une meilleure compréhension des choses.

Je commençai donc de très bonne heure mes expériences d'écolier. En même temps s'inaugurait mon initiation à la littérature, au moyen des livres en vogue parmi nos gens de service. Ceux-ci goûtaient particulièrement alors une traduction en bengali des aphorismes de Chanakya, et le Ramayana de Krittivasa. Je me rappelle une de ces occasions de lecture.

Ce jour-là, par un temps couvert, je jouais dans la véranda extérieure, d'où l'on voit la rue, quand Satya, voulant — je ne sais pourquoi — me causer une panique, se mit à crier soudain : « Un gendarme, un gendarme ! » Mon idée des attributions d'un agent de police était extrêmement vague, mais j'étais sûr qu'aussitôt tombé entre les mains de l'un d'eux, tout individu accusé de crime s'engloutit et disparaît, comme le malheureux saisi par la mâchoire d'un crocodile. Ignorant comment un innocent bambin pourrait échapper à ce sort affreux, je m'élançai à toutes jambes vers les appartements donnant sur la cour, des frissons de terreur me courant le long du dos à l'idée d'être poursuivi. Faisant irruption chez ma mère, je lui annonçai le péril imminent. Elle ne parut pas beaucoup s'en émouvoir. Néanmoins, jugeant imprudent de retourner dans les régions extérieures, je m'établis sur le seuil de la porte avec un volume du Ramayana, exemplaire aux feuillets usés, à la reliure marbrée, propriété d'une vieille tante. A droite et à gauche s'étendait la galerie qui entoure le quadrangle intérieur, faiblement éclairée par le demi-jour d'un après-midi nuageux. Ma grand'tante, venant à passer, me vit en larmes, pleurant sur l'un des épisodes émouvants du récit, et me prenant le livre des mains, elle l'emporta.

3. — **Au dedans et au dehors.**

Le luxe était presque inconnu aux jours de mon enfance. On menait généralement un genre de vie beaucoup plus simple qu'aujourd'hui. D'autre part, les enfants de notre maison ignoraient le tourment d'être surveillés outre mesure. Si certains éducateurs prennent plaisir à cette surveillance excessive, il est indubitable que leurs pupilles n'en éprouvent qu'un ennui sans mélange.

Nous étions sous l'autorité des domestiques. Pour s'épargner de la peine, ceux-ci nous privaient presque entièrement de la liberté de nous mouvoir. Mais en revanche, l'absence de caresses importunes était une compensation à ce régime, et nous n'étions jamais excédés de flatteries, ni de beaux habits.

Notre nourriture était exempte de toute recherche. Une liste des objets qui composaient notre garde-robe provoquerait la risée d'un garçon d'aujourd'hui. Avant d'avoir dix ans, nous ne portions ni souliers ni chaussettes. Par le temps froid, une seconde tunique de cotonnade était passée sur la première, et c'était tout. Cependant jamais nous n'eûmes le sentiment d'une privation quelconque. Nous ne songions à nous plaindre que lorsque Nyjamat, le vieux tailleur, oubliait de mettre une poche à nos tuniques. Sans doute, il n'existe pas dans le monde entier un petit garçon trop pauvre pour avoir de quoi remplir ses poches et, grâce à Dieu, le trésor contenu dans ces réceptacles est à peu près le même, quelle que soit la position occupée dans le monde par les parents de leurs propriétaires.

Chacun de nous possédait une paire de pantoufles, mais nous ne la tenions pas, d'ordinaire, dans le voisinage de nos pieds. Lancées vivement en l'air et rattrapées avant de toucher terre, ces chaussures n'en avaient pas moins une fonction éprouvante, quoique sans rapport avec leur première destination.

Nos aînés se tenaient à une distance respectable de nous. Leurs vêtements, leur table, leurs récréations différaient des nôtres; nous en avions bien quelques aperçus, mais nous n'y prenions jamais part. Aujourd'hui les enfants sont en rapports familiers avec les adultes. Ceux-ci leur sont très accessibles comme l'est, du reste, tout ce qu'un enfant peut désirer. Pour nous, rien n'était facile à obtenir. Plus d'une chose usuelle nous paraissait un objet rare et nous vivions constamment dans l'espérance d'acquérir un jour, quand nous serions « grands », maintes choses qu'un avenir éloigné nous tenait en réserve. Nous prenions, en conséquence, un plaisir inouï aux choses qui nous étaient accordées. Nous n'en laissions perdre aucune parcelle, rien n'en était gaspillé. Maintenant, l'enfant d'une famille dans l'aisance ne grignotte que quelques miettes de ce qui lui est offert : le reste est dédaigné.

Nos journées se passaient dans le corps de logis habité par le personnel domestique, dans l'angle sud-est des appartements extérieurs. L'un de nos serviteurs, nommé Shyam, garçon joufflu, noir de teint, à la chevelure bouclée, me plaçait volontiers sur un point choisi du plancher, et traçait autour de moi un cercle à la craie. Ensuite, le doigt levé et d'un air solennel, il m'avertissait des périls auxquels je m'exposerais si je m'avisais d'enjamber ce cercle. Le danger couru était-il d'ordre matériel ou moral, je ne le saisis jamais bien, mais je n'en étais pas moins impressionné, car j'avais lu dans le Ramayana le récit des tribulations qui fondirent sur Sita lorsqu'elle eut franchi le cercle tracé par Lakshmann ; je ne pouvais donc pas être sceptique. Juste devant la fenêtre de cette chambre se trouvait un étang, dans l'eau duquel conduisait un escalier de maçonnerie. Au bord de l'étang, à l'ouest, un banyan immense ; au sud, une frange de cocotiers. Enfermé dans mon cercle, près de cette fenêtre, je passais des heures à contempler ce tableau par les interstices des persiennes baissées, comme on regarde sans se lasser un livre d'images. Dès le matin, de bonne heure, nos voisins venaient un à un se baigner dans l'étang. Je savais à quelle heure arriverait chacun d'eux. Tous les détails de leur toilette m'étaient familiers. L'un, se bouchant les oreilles avec les doigts, faisait toujours le même nombre de plongeons, et repartait aussitôt. Un autre, sans se risquer tout entier dans l'eau, pressait sur le sommet de sa tête une serviette mouillée. Un troisième, d'un mouvement rapide des deux bras, balayait d'abord autour de lui la surface de l'eau, puis s'y élançait la tête la première. Il y en avait un qui sautait sans préliminaires du haut de l'escalier; un autre, au contraire, descendait lentement les marches en marmottant ses prières du matin. Un encore, toujours pressé, sortait de l'eau au plus vite, tandis qu'un autre prenait tout à loisir son bain, suivi d'une friction de tous les membres, changeait son vêtement mouillé contre un sec, dont il ajustait soigneusement les plis, et s'en allait faire un ou deux tours de jardin en cueillant des fleurs, pour rentrer enfin chez lui, rayonnant du bien-être de son corps rafraîchi. Cela durait jusqu'à midi, puis la place désertée devenait silencieuse. Seuls y restaient les canards, ramant ci et là, poursuivant les limaces d'eau ou lissant leurs plumes tout le jour durant. Quand la solitude régnait sur l'étang, mon attention se tournait vers les ombres mouvantes projetées par le grand banyan. Plusieurs de ses racines aériennes, descendant le long du tronc, s'étaient enchevêtrées et formaient au pied de l'arbre un énorme nœud. Ce singulier enlacement de racines me paraissait plein de mystères, comme un lieu de rêve, échappé aux lois ordinaires, vestige d'un monde étrange, disparu. Ce qu'il me semblait y voir, je ne saurais le décrire en langage intelligible. C'est à ce banyan que je songeais plus tard, en écrivant ces lignes :

O banyan séculaire, aux racines enchevêtrées suspendues à tes branches, debout jour et nuit dans ton immobilité, tel un ascète absorbé dans ses pénitences ! Te souviens-tu de l'enfant dont jadis l'imagination se plaisait à jouer avec tes ombres ?

Le banyan, hélas, n'existe plus : la pièce d'eau, miroir de ce prince des forêts, a disparu comme lui ; plusieurs de ceux qui s'y baignaient ont suivi dans l'oubli les ombres de l'arbre gigantesque. Et l'enfant, parvenu à l'âge mûr, suit des yeux les clartés et les ombres qui alternent sur la complexité des racines qu'il a lui-même projetées tout alentour...

Il nous était interdit de sortir de l'enceinte de notre demeure, et même de pénétrer dans certaines pièces de la maison. De la nature, nous ne pouvions prendre quelques aperçus qu'au travers de nos barricades. Inaccessible, au loin, s'étendait cet espace sans limites, le Dehors, dont par instants des reflets, des bruits, des parfums, pénétrant par des interstices, venaient me toucher. Ce Dehors semblait me faire signe, m'inviter à venir jouer avec lui. Mais il était libre et moi, j'étais enfermé ; aucune rencontre entre nous n'était possible. L'attrait n'en était que plus poignant.

A présent, nul cercle à la craie ne m'environne, et cependant, je me sens encore entouré d'une cloison. La distance est toujours lointaine, le Dehors toujours hors d'atteinte. Et souvent je me répète les strophes de ce poème composé plus tard :

L'oiseau captif est dans sa cage, le libre oiseau est dans la forêt. Tous les deux se rencontrent, au moment voulu par le sort.

Viens, mon amour, dit l'oiseau libre. Envolons-nous ensemble vers les bois.

Oh reste avec moi, supplie le captif ; demeurons ensemble dans cette cage.

Entre des barreaux, dit l'oiseau des bois, il n'y a pas de place pour ouvrir les ailes.

Hélas ! soupire le prisonnier, dans le ciel, je ne saurais où me poser.

Le parapet de nos toits en terrasse était alors plus haut que moi. Mais quand j'eus un peu grandi, quand la tyrannie des domestiques se fut un peu relâchée, quand, à sa venue dans la famille, une jeune épouse m'honora de son attention et me choisit pour compagnon de ses loisirs, il m'arriva parfois de monter sur la terrasse au milieu du jour. A cette heure, les habitants de la maison avaient tous pris leur repas. Une pause interrompait les travaux du ménage. La sieste de l'après-midi étendait sa quiétude sur les appartements intérieurs. Les vêtements de bain, étalés sur le parapet, y séchaient au soleil, des corneilles picoraient les d bris entassés au coin de la cour. Dans ces intervalles de solitude, l'oiseau captif, par les interstices du parapet, entrait en rapport avec le libre oiseau.

Debout, je contemple... d'abord la rangée de cocotiers qui borde le jardin intérieur. Au travers de leur frange s'aperçoit l'enclos de Singhi, avec son amas de masures (1) et sa citerne.

Au coin de la citerne, la fromagerie de notre laitière Fara. Plus loin, au milieu des sommets des arbres, les formes variées, de hauteurs inégales, des

(1) Ces « Bustis », ou enclos remplis de hangars dilapidés, subsistant côte à côte avec des palais, sont encore une des anomalies de Calcutta.

toits en terrasse de Calcutta, reflétant la blancheur aveuglante du soleil de midi, s'étendent à perte de vue jusqu'à l'horizon gris-bleu du ciel d'Orient. Les plus éloignés de ces édifices, de la silhouette desquels se détachent les escaliers couverts conduisant sur le toit, ont l'air de me faire signe, et, le doigt levé, de m'avertir des mystères contenus dans l'intérieur. Tel un mendiant demandant l'aumône sur le seuil d'un palais imagine des merveilles impossibles dans ces chambres qui lui sont fermées, je me figure une abondance de délices et de liberté dans ces demeures inconnues.

Des profondeurs du ciel plein de soleil brûlant, le cri d'un milan parvient à mon oreille. De la ruelle voisine de l'enclos de Singhi, le long des maisons somnolentes de sieste, s'élève l'appel chantant du marchand de bracelets : « chai, choori, chai »... et tout mon être s'élance hors de mon monde journalier.

Mon père n'était presque jamais à la maison. Durant ses fréquents voyages, son appartement, au troisième étage, restait d'ordinaire fermé. Glissant ma main entre les lattes des persiennes, je tirais le verrou et parvenais à ouvrir la porte, pour aller passer l'après-midi étendu sur le sofa, au fond de la chambre située au midi. Cet appartement toujours clos et cette entrée clandestine donnaient à mon escapade un parfum de mystère ; en outre, le vaste espace vide de la terrasse du sud inondée de soleil me faisait rêver tout éveillé. Il y avait encore une autre attraction dans ces chambres. Le service des eaux venait d'être installé à Calcutta et, dans l'enthousiasme de son inauguration triomphale, on en avait amplement pourvu même les quartiers hindous. Durant cet âge d'or, l'eau montait au troisième étage et desservait aussi l'appartement de mon père. Tournant le robinet de la douche en pluie, je prenais à cœur joie un insolite bain, non pas tant pour l'agrément de me rafraîchir que pour lâcher la bride à ma fantaisie. L'alternance du plaisir causé par cet acte d'émancipation avec la peur d'être pris en flagrant délit concourait avec la douche d'eau municipale pour me transpercer de délicieux frissons.

C'était, je pense, l'impossibilité de tout contact du dehors qui donnait tant de prestige à ces rares occasions d'aventures. Quand on dispose en surabondance de quoi que ce soit, l'esprit lassé cesse de s'en soucier, oubliant que pour la réussite d'une fête, la participation du dedans est plus nécessaire que les contributions du dehors. Cette vérité, l'homme doit l'apprendre dans son enfance, alors que ses possessions sont en petit nombre, de peu de valeur, et que pourtant elles suffisent à le rendre heureux. En effet, l'enfant qui possède une quantité immodérée de jouets est frustré de la vraie joie du jeu.

Notre jardin intérieur ne méritait à aucun égard le nom de jardin. On n'y voyait qu'un citronnier, quelques pruniers d'espèces différentes et une rangée de cocotiers. Au centre se trouvait une place ronde pavée, dont les herbes folles avaient envahi les crevasses, d'où leurs panaches s'élevaient triomphalement. Seules les plantes fleuries qui se refusaient à mourir d'abandon continuaient à remplir les devoirs de leur espèce sans requérir du jardinier aucun arrosage. Dans le coin du nord se dressait un hangar, destiné à l'épluchage du riz et où les habitants allaient parfois vaquer à des besognes de ménage. Ce hangar, dernier vestige de la vie rurale de jadis, a depuis capitulé sans gloire et s'est enfoncé inaperçu dans l'oubli.

Néanmoins je suis convaincu que le jardin d'Eden n'était pas plus richement décoré que le nôtre, car ce paradis et son propriétaire Adam étaient aussi nus l'un que l'autre, et n'avaient que faire d'ornements. C'est plus tard, lorsque l'homme eut goûté du fruit de l'arbre de la connaissance, et c'est tant qu'il n'a pas achevé de digérer ce fruit, qu'il éprouve le besoin croissant de parures et d'embellissements. Notre jardin intérieur était mon paradis ; il me suffisait. Aux premiers jours de l'automne, j'y courais à peine éveillé, dès l'aurore. L'odeur de l'herbe et des feuilles humides de rosée venait à ma rencontre et le matin, avec son soleil frais et brillant, me regardait du haut du mur, à l'est, par dessus les bouquets tremblants des palmes de cocotiers.

Au nord de la maison s'étend un autre morceau de terrain vague, appelé jusqu'à ce jour le *golabari* (grange). Ce nom donne à penser que l'on y conservait autrefois le blé récolté dans l'année, lorsque la ville et la campagne se ressemblaient encore comme frère et sœur en bas âge. A présent, l'air de famille ne s'aperçoit plus guère. Ce *golabari* était mon lieu de prédilection pour une échappée, quand une heureuse chance me permettait d'en prendre une. Je n'y allais pas pour jouer ; c'était l'endroit lui-même qui avait une sorte d'attirance, due peut-être à ce que c'était un lieu désert, écarté, sans rapport avec les habitations, inutile, et où personne n'avait jamais rien planté. Pour ces raisons, je crois, il offrait libre carrière à l'imagination d'un enfant. Quand j'avais pu échapper à la vigilance de mes surveillants et atteindre le *golabari*, je me sentais gratifié d'un jour de congé.

Notre maison recélait encore, paraît-il, un endroit merveilleux que je ne pus jamais découvrir. Une fillette de mon âge l'appelait le « palais du roi ». « J'en viens », disait-elle quelquefois ; mais jamais elle ne trouvait le moment propice pour m'y conduire. A l'entendre, c'était une chambre magnifique, pleine de jouets extraordinaires et qui se trouvait tout près, au premier ou au deuxième étage. La seule difficulté, c'est que personne n'y pouvait aller. Que de fois je demandais à ma camarade : « Dis-moi seulement, ce palais est-il dans la maison ou dehors ? » « Il est dans la maison même », affirmait-elle. Je restais confondu. Ne connaissais-je pas toutes les pièces de la maison ? Quant à ce « roi », je ne me souciais pas même de m'informer qui ce pouvait être. La chambre merveilleuse resta introuvable, mais ce qui était certain, c'est que notre maison contenait le palais d'un roi.

Ainsi, quand je me reporte à ces jours d'enfance, j'y vois surtout le mystère qui pour moi remplissait la vie et le monde. Partout un secret inconcevable paraissait caché et l'on se demandait tous les jours : quand, oh ! quand le trouverons-nous ? La nature semblait tenir quelque chose dans sa main fermée, et nous dire en souriant : Qu'est-ce que je tiens là ?

Je me rappelle un pépin de pomme que j'avais planté, et que je gardais précieusement dans un coin de la véranda, l'arrosant tous les jours. L'idée que ce pépin pourrait germer et devenir un arbre me maintenait dans un état d'émerveillement palpitant. Aujourd'hui encore, les pépins de pomme ont l'habitude de germer, mais le sentiment du merveilleux a cessé de leur tenir compagnie. La faute n'en est pas aux pépins, mais à nous.

Une fois, nous nous avisâmes de dérober quelques pierres à la rocaille d'un de nos cousins, pour nous faire une petite rocaille à nous. Les plantes semées dans les interstices furent soignées avec un tel excès de sollicitude que seul un miracle de persistance végétative leur permit de résister quelque temps avant leur fin prématurée. Les mots ne peuvent dire la joie et l'admiration que cette montagne en miniature nous procura. Nous étions sûrs que nos aînés la partageraient. Mais le jour où nous voulûmes leur montrer notre merveille, rocailles, pierres et plantes disparurent du coin de notre chambre. Cette dure leçon nous apprit que le plancher d'une salle d'étude n'est pas le fondement sur lequel doit s'ériger une montagne ; mais le poids de toutes les pierres dont ce plancher fut délivré tomba sur nos cœurs quand il nous fut clair qu'un abîme séparait nos fantaisies de la volonté de nos aînés.

Avec quelle intensité nous sentions alors palpiter la vie du monde ! La terre, l'eau, le feuillage, le ciel, tout nous parlait, rien ne voulait rester ignoré. Parfois nous éprouvions un regret poignant de ne pouvoir connaître que la surface de la terre et de ne rien savoir de son intérieur. Nous faisions des plans pour découvrir quelque chose sous la poussière. Si nous pouvions seulement, pensions-nous, enfoncer des cannes de bambou l'une après l'autre, bout à bout dans un même trou, nous arriverions peut-être à pénétrer jusque dans la profondeur. Pendant les fêtes annuelles du *Magh*, on plantait en terre des rangées de poteaux destinés à servir de candélabres. Le premier jour, on creusait les trous. Les petits garçons surveillent toujours avec un ardent intérêt les préparatifs d'une fête, mais le creusement de ces trous avait pour moi un attrait tout particulier. J'avais assisté plusieurs fois à ce travail : jamais rien d'extraordinaire, rien qui justifiât la curiosité d'un prince ou d'un chevalier ne s'en était suivi ; pourtant chaque fois, j'avais le sentiment qu'on soulevait le couvercle d'un lieu de mystères. Encore un peu d'effort, et l'on y pénétrerait. Les années passèrent, et ce surplus d'effort ne fut jamais fait. Comment les « grandes personnes », pensais-je, elles qui peuvent faire tout ce qu'elles veulent, se contentent-elles de ces petits trous ? Si nous, enfants, avions notre mot à dire, le secret de l'intérieur de la terre ne resterait pas longtemps ignoré.

Nous nous demandions aussi ce qui pouvait se trouver au fond de la voûte céleste. Quand notre Pundit, commentant une des leçons de notre livre élémentaire de science, nous affirma que le ciel bleu n'est pas une enveloppe solide, nous fûmes confondus. Mettez une échelle au-dessus de l'autre, dit le maître, et montez indéfiniment, vous n'arriverez jamais à frapper de la tête un plafond. Je conservais des doutes. Mais si l'on ajoutait encore des échelles et encore, questionnais-je. Quand il me fut certifié que cela ne servirait de rien, je restai atterré. Sans doute, me dis-je après mûre considération, personne au monde ne se doute de cela, sauf les maîtres d'école.

4. — Servocratie.

Dans les annales de l'Inde, le règne de la dynastie d'esclaves n'est pas une période d'heureuse mémoire. Pareillement, dans ma propre vie, le règne des domestiques n'a laissé aucun souvenir aimable ni glorieux. Il y avait souvent changement de monarque, mais le code d'interdictions et de pénalités qui nous était imposé ne variait en rien. Nous ne faisions guère de réflexions philosophiques, sous ce régime. Nos échines enduraient les coups du mieux qu'elles pouvaient et nous admettions comme loi de l'univers que les grands octroient des souffrances et que les petits les subissent. Il m'a fallu longtemps pour constater le contraire, à savoir que ce sont les grands qui souffrent et les petits qui font souffrir.

La vertu et le vice diffèrent d'aspect suivant le point de vue auquel on se place. Le chasseur lance une invective à l'oiseau qui, par son cri d'alarme, fait lever un vol de gibier avant le coup de fusil. De même, quand nous hurlions sous les coups, ce mode de défense déplaisait à nos persécuteurs. Pour y mettre fin, je me rappelle qu'ils enfonçaient sur nos têtes les grosses cruches vides qui servaient alors aux provisions d'eau. Évidemment nos cris ne pouvaient que désobliger ceux qui en étaient cause, mais surtout ils risquaient de les exposer à des suites fâcheuses.

Je me demande pourquoi ces gens de service nous faisaient subir d'aussi cruels traitements. Impossible d'admettre que notre conduite fût assez blâmable pour nous ôter tout droit à l'humaine bienveillance. Mais voici, je crois, la vraie raison : tout le poids de nos existences pesait sur ces gens. Or ce poids, dans sa totalité, est très lourd à porter, même pour les êtres les plus proches et les plus aimants. Tout est simple quand on laisse les enfants être des enfants, s'ébattre et jouer à cœur joie et satisfaire leur curiosité. Mais lorsque vous essayez de les confiner, de les immobiliser, de contrarier leurs ébats, des problèmes insolubles se posent. Alors le fardeau de l'enfant, si légèrement porté par lui-même, écrase les épaules de ses gardiens, tel le poids de ce cheval de la fable, que l'on s'obstinait à porter, au lieu de le laisser trotter sur ses propres jambes.

De ces tyrans de mon enfance, j'ai tout oublié sauf les soufflets et les coups de poings. Un seul m'a laissé d'autres souvenirs.

Il s'appelait Iswar. C'était un ancien maître d'école de village, propret, soigné de sa personne, digne et tranquille d'allures. La terre était toujours trop terreuse à son gré, jamais assez lavée pour être propre. Il guerroyait sans cesse contre la saleté chronique de toutes choses. Quand il puisait de l'eau, il lançait son seau comme une flèche dans l'étang pour parvenir à des profondeurs incontaminées.

C'était lui qui, en se baignant, époussetait d'abord la surface de l'eau pour s'y plonger ensuite avec la vitesse de l'éclair afin, semblait-il, de prendre à l'improviste de l'eau immaculée. En marchant, il tenait le bras à angle droit de son corps, se méfiant, pensions-nous, de l'attouchement de ses propres vêtements. Toute sa tenue trahissait l'effort perpétuel pour se garantir des impuretés qui risquent de s'insinuer, par des voies mal gardées, sur la terre, dans l'eau, dans l'air et sous les pas des humains. Incommensurable était la profondeur de sa gravité. La tête légèrement penchée, il articulait avec soin, d'une voix profonde, des paroles choisies. Cette diction littéraire alimentait à son insu la gaîté de nos aînés ; quelques-uns de ses propos se sont même conservés en permanence dans le répertoire amusant de notre famille, mais je doute qu'ils parussent aussi comiques aujourd'hui que jadis, car le langage littéraire et le parler usuel, autrefois aussi éloignés l'un de l'autre que le ciel et la terre, se rapprochent maintenant de plus en plus.

Ce magister avait découvert le moyen de nous maintenir en tranquillité pendant la soirée. Il nous réunissait autour d'une vieille lampe à huile au verre fêlé, pour l'écouter lire des histoires du Ramayana et du Mahabharata. Quelques autres serviteurs se joignaient à l'auditoire. La lampe projetait de grandes ombres jusque sur les poutres du plafond, et, tandis que les petits lézards domestiques attrapaient des moucherons sur les murs et qu'au dehors les chauves-souris se livraient, dans la véranda, à des danses de derviches, nous écoutions en silence, bouche bée.

Je me rappelle un soir où nous en vînmes à l'histoire de Kusha et de Lava, lorsque ces deux vaillants jouvenceaux faillirent porter une atteinte irréparable à la renommée de leurs pères et de leurs oncles. Le silence de cette chambre à demi éclairée devint poignant d'anticipation. Il était tard, le temps limité de veille qui nous était assigné s'approchait de son terme, et le dénouement tardait à venir. A ce moment critique, le vieux serviteur de mon père, Kishori, vint à la rescousse et acheva au pas accéléré le récit de l'épisode, d'après la version galopante de Dasuraya. Le charme du doux poème tranquille de Krittivasa, et le rythme de ses vers à quatorze syllabes, s'évanouirent brusquement et nous fûmes précipités dans un torrent de rimes et d'allitérations (1).

Quelquefois, ces lectures donnaient lieu à des discussions savantes, qui se terminaient par un verdict de la haute érudition d'Iswar. En effet, bien que celui-ci, simple domestique des enfants, n'occupât qu'un rang très modeste dans la hiérarchie familiale, il pouvait arriver parfois que sa supériorité, comme celle du vieux grand-père Bhisma du Mahabharata, s'imposât à ses cadets placés au dessus de lui dans l'échelle sociale.

Ce grave et majestueux serviteur avait une faiblesse, que je mentionnerai par égard pour la vérité historique : il prenait de l'opium. Cette habitude crée un appétit morbide pour les aliments très nourrissants. Aussi, le matin, quand il nous apportait nos

(1) Il existe, dans les langues hindoues, des versions innombrables du Ramayana.

gobelets pleins de lait, les forces d'attraction prédominaient souvent sur celles de la résistance ; et si nous trahissions le moins du monde notre répugnance pour ce breuvage, aucun souci de sa responsabilité pour nos santés ne le poussait à insister. Il avait une estimation très restreinte de notre faculté d'absorption. Quand nous nous mettions à table, le soir, une provision de *luchis* (1), empilés sur un plateau de bois de forme ronde, était placée devant nous. Iswar en faisait tomber, de très haut, quelques-uns sur chaque assiette, comme une grâce imméritée accordée à contre-cœur par une Providence parcimonieuse. Puis venait l'interrogation : Fallait-il encore nous en servir ? Or je savais si bien quelle réponse serait la bienvenue, que je ne pouvais me résoudre à causer du désappointement en réclamant une seconde portion.

Quelque monnaie était confiée à Iswar pour nous procurer l'après-midi une légère collation. Il s'informait le matin de ce que nous désirions pour ce goûter. N'ignorant pas que le moins coûteux serait le mieux accueilli, nous choisissions d'ordinaire un peu de riz à l'eau ou bien une portion indigeste d'arachides rôties. Iswar, manifestement, n'était pas aussi pointilleux à l'égard de notre régime alimentaire qu'en ce qui concernait les convenances de la prosodie.

5. — L'École Normale

Pendant que je fréquentais le Séminaire Oriental,

(1) Espèce de galette sans sucre que l'on mange avec les mets, comme du pain.

j'avais trouvé moyen de m'élever au-dessus de la condition infime de simple écolier en fondant moi-même une école dans un coin de notre galerie. Les bâtons de la balustrade étaient mes élèves. Une canne à la main, assis vis à vis d'eux, je jouais le rôle du maître d'école. Je savais quels bâtons étaient les bons élèves, et lesquels étaient les mauvais ; je distinguais même les dociles des intraitables, les intelligents des bornés. Les écoliers rétifs eurent tant à souffrir de ma bastonnade qu'ils eussent souhaité rendre l'âme, s'ils n'avaient été de bois. Et plus ils étaient balafrés de marques de mes coups de canne, plus ils excitaient mon déplaisir, si bien que je ne savais plus qu'inventer pour les punir. Il n'en reste plus un seul aujourd'hui pour dénoncer la tyrannie affreuse que j'exerçais sur ma pauvre classe muette. Mes écoliers de bois ont cédé la place à des balustres de fonte et aucun membre de la jeune génération n'a entrepris leur éducation à ma manière. Jamais non plus ils n'auraient pu susciter la même exaspération.

J'ai pu le constater maintes fois dans la suite, de tout ce qu'un instituteur peut enseigner, rien ne se transmet aussi aisément que sa manière d'être. Sans effort aucun, j'avais assimilé l'impatience, les emportements, la partialité, les façons injustes de mes maîtres, tandis qu'ils ne m'avaient rien communiqué du reste de leur enseignement. Je me console un peu en pensant qu'il n'était pas en mon pouvoir alors d'exercer ces dispositions barbares vis à vis de créatures sensibles, mais quelque différents que fussent mes écoliers de bois de ceux de notre Séminaire, il n'en est pas moins vrai que ma mentalité à leur égard était identique à celle de nos professeurs.

Je ne puis avoir fréquenté longtemps le Séminaire Oriental, car j'étais encore d'âge tendre lorsque je fis mon entrée à l'École Normale. Le seul trait saillant que celle-ci ait laissé dans mon souvenir, c'est qu'avant de commencer la classe, tous les élèves s'alignaient dans la galerie pour exécuter une sorte de chant ou de psalmodie sur des paroles rimées. Cet exercice était probablement destiné à introduire un peu d'entrain dans la routine quotidienne. Par malheur, les paroles chantées étaient en anglais, et la mélodie ne nous était pas moins étrangère, en sorte que nous n'avions pas la moindre idée de ce que pouvait signifier cette incantation. Et la monotonie vide de sens de cette pratique n'avait nullement pour effet de nous égayer. Cela, du reste, ne troublait en rien la satisfaction des autorités scolaires qui avaient institué cet usage : elles ne songeaient point à s'enquérir du résultat de leur intention bénévole et, sans doute, elles auraient appris avec indignation que les élèves n'en étaient pas dûment enchantés. On s'était contenté d'emprunter cet exercice, paroles et musique, au livre anglais qui en recommandait l'adoption. Le langage en lequel ce texte anglais se transformait sur nos lèvres pourrait édifier des philologues (1).

(1) Note de la traductrice : L'auteur en cite un exemple intraduisible, que nous reproduisons ici pour l'amusement des lecteurs qui comprennent l'anglais :

— En voici une ligne que j'ai retenue :

« *Kallokee pullokee singill mellaling, mellaling, mellaling* ».

A grand'peine, j'ai pu reconstruire en partie l'original. Je

Tandis que les souvenirs de cette Ecole Normale émergent du brouillard de ma mémoire, je ne parviens pas à y découvrir le moindre détail agréable. Si j'avais pu me lier avec d'autres écoliers, les dégoûts d'une enseignement fastidieux m'auraient paru sans doute moins insupportables. Mais telle était la grossièreté de manières et d'habitudes de la plupart de ces garçons que des rapports de camaraderie avec eux me furent impossibles. Dans les intervalles des leçons, je me réfugiais au premier étage et là, assis à une fenêtre d'où l'on voyait la rue, je tuais le temps en comptant : un an, deux ans, trois ans..., combien en faudra-t-il passer de la sorte ? Le seul des maîtres dont je me souvienne usait d'un langage si abject que, sous l'empire du mépris qu'il m'inspirait, je m'étais promis de ne jamais répondre aux questions qu'il me poserait. Je restais donc assis, bouche close, au dernier banc de la classe, et tandis que les autres élèves étaient au travail, je m'occupais solitairement à chercher la solution de maints problèmes ; par exemple, je me demandais : Comment pourrait-on vaincre des ennemis dans une bataille, sans se servir d'aucune arme ? (En cet instant, ce souci me revient accompagné du murmure des voix d'une classe d'écoliers.) Si je pouvais, me disais-je, dresser un nombre suffisant de chiens, de tigres et d'autres bêtes féroces et les aligner en plusieurs rangs sur le champ de bataille, ce serait un début excellent. Ensuite, notre

ne saurais dire à quoi répondait le mot *Kallokee*, mais le reste de la phrase était, je crois : « ...full of glee, singing merrily, merrily, merrily ».

prouesse personnelle se donnerait libre carrière et achèverait de mettre l'ennemi en déroute. Cette stratégie ingénieuse et simple se déroulait dans mon imagination avec tant de vraisemblance que je ne conservais aucun doute sur son triomphe. Ainsi, avant d'avoir appris par expérience ce qu'est le travail, je trouvais des combinaisons inédites pour atteindre des buts imaginaires. Mais depuis que le travail est entré dans ma vie, je sais que ce qui est ardu reste ardu, et que ce qui est difficile demeure tel : découverte moins rassurante, sans doute, mais plus saine, que l'art d'éluder les efforts par des chemins de traverse.

Après une année de cette vie scolaire, nous passâmes un examen en bengali devant le Pandit Madhusudan Vashaspati. J'obtins le plus grand nombre de bonnes notes de toute la classe. Le maître s'en plaignit aux autorités scolaires, assurant que j'avais été l'objet d'une faveur imméritée. On me soumit, en conséquence, à un second examen en présence du directeur en chef. Cette fois encore, je conquis l'un des degrés les plus élevés.

6. — Versification.

Je devais avoir huit ans. Jyoti, le fils d'une nièce de mon père, était passablement plus âgé. Il commençait à s'initier à la littérature anglaise et récitait *Hamlet* avec élan. Comment put-il lui venir l'idée de faire écrire des vers à un enfant tel que moi ? Je ne puis le concevoir. Un après-midi, il me fit venir dans sa chambre et me proposa d'essayer de composer un vers ; puis il m'expliqua la construction du vers *paya*, de quatorze syllabes.

Je n'avais jamais vu que des poèmes imprimés dans des livres, sans une rature, ni un signe d'hésitation, ni rien qui révélât la faiblesse humaine. L'idée que n'importe quel effort pût me rendre capable de produire de la poésie n'aurait pu m'aborder.

Une fois, on avait saisi un voleur dans notre maison. Dévoré de curiosité, quoique tremblant de peur, je m'étais aventuré jusque sur les lieux pour jeter un regard sur lui. Or c'était un homme comme les autres! Voyant le portier le malmener assez rudement, j'avais ressenti une grande pitié. Telle fut ma première expérience de la poésie. Ayant enfilé l'un après l'autre quelques mots à ma fantaisie, quand je découvris que c'était un vers *paya*, toutes mes illusions sur la gloire poétique s'évanouirent.

Et maintenant, quand je vois malmener cette pauvre poésie, je suis pris de pitié, comme alors pour le voleur. Que de fois j'ai été malheureux de la sorte, sans pouvoir retenir des mains impatientes, qui démangeaient du désir de l'assaut ! Les voleurs ne sont guère plus cruellement, ni plus fréquemment maltraités.

Une fois surmontée ma première crainte respectueuse, il n'y eut plus moyen de m'arrêter. Grâce à la complaisance d'un des employés du domaine, je pus me procurer un cahier de papier bleu. Je le réglai de ma main, en tirant des lignes au crayon, pas très régulièrement espacées, et là je me mis à écrire des vers, de ma grosse écriture enfantine.

Comme un jeune faon va donnant partout de la

tête avec ses cornes bourgeonnantes, je commençai à importuner tout mon entourage avec mes essais de poésie. Et plus encore que moi, mon frère aîné, si fier de mes talents en herbe qu'il parcourait la maison toute la journée en quête d'auditeurs. Un jour que lui et moi sortions des bureaux du rez de chaussée, après une expédition couronnée de succès auprès des employés du domaine, nous rencontrâmes le rédacteur en chef du *Journal National*, Nabagopal Mitter, qui entrait dans la maison. Mon frère l'accosta sans scrupule aucun. « Ecoutez, Nabagopal Babu ! Ne voulez-vous pas entendre un poème composé par Rabi ? » Et aussitôt la lecture commença. Mes œuvres n'étaient pas encore volumineuses. Le poète pouvait porter toutes ses effusions dans sa poche. J'étais l'auteur, l'imprimeur et l'éditeur tout à la fois. Et mon frère, mon seul collègue, était l'entrepreneur de publicité. J'avais composé quelques vers sur le Lotus, que je récitai séance tenante, là même, au bas de l'escalier, à Nabagopal Babu, d'une voix timbrée au diapason de mon enthousiasme.

« Voilà qui est bien », me dit-il en souriant, « mais qu'est-ce que signifie *dwirepha* (1) ? »

Je ne sais comment ce mot était parvenu à ma connaissance. Le vocable usuel aurait tout aussi bien répondu aux exigences métriques du vers. Mais, de tout le poème, c'était à ce mot que j'avais attaché le plus fortement mes prédilections. Nul doute que nos buralistes n'en eussent été impressionnés. Et voilà que Nabagopal Babu n'en faisait point de cas !

(1) *Dwirepha*, terme inusité, synonyme d'*abeille*.

Il en avait même souri ! Ce devait être, à coup sûr, un homme de peu de compréhension. Je ne lui lirais plus jamais de poésie.

Bien des années se sont ajoutées, depuis lors, à mon âge, et mon critère de la compréhension d'un auditeur ou de sa non compréhension ne s'est guère amélioré...

Nabagopal Babu eut beau avoir souri, le mot *dwirepha*, telle une abeille ivre de son propre miel, resta collé à sa place.

7. — Divers enseignements.

Un des maîtres de l'Ecole Normale venait nous donner des leçons chez nous. Maigre de corps, sec de visage, on eût dit une canne de bambou revêtue d'un corps. Il était doué d'une voix perçante. Ses leçons avaient lieu le matin, de six à neuf heures et demie et nos lectures, sous sa direction, parcouraient une échelle graduée à partir des manuels de science et de littérature élémentaires jusqu'à l'épopée du Maghnadvadha.

En outre, mon troisième frère était dévoré d'ardeur pour nous faire part de ses connaissances de tout genre, si bien que nous avions beaucoup plus de travail à la maison que n'en comportait le programme scolaire. Il fallait nous lever avant l'aube, d'abord faire quelques exercices corporels, puis revêtir bien vite nos tuniques pour nous rendre aux cours de littérature, de mathématiques, de géographie et d'histoire. Au retour de l'Ecole, nos maîtres de gymnastique et de dessin nous attendaient. Le soir, Aghore

Babu venait nous donner nos leçons d'anglais. Nous n'étions libres qu'après neuf heures.

Le dimanche matin, Vishnu nous apprenait à chanter. Ensuite, presque chaque dimanche, Sitanath Dutta venait nous faire des démonstrations de physique. Je prenais un vif intérêt à ses expériences, m'émerveillant à le voir, par exemple, illustrer le phénomène de l'ébullition en faisant cuire, dans une éprouvette, de l'eau mélangée à de la sciure de bois. Je suivais de l'œil les courants d'eau chauffée qui montaient à la surface et ceux d'eau froide qui descendaient, jusqu'à ce que l'eau se mît à bouillir. De même, j'appris que l'eau était une partie constitutive du lait et pouvait s'en séparer par l'ébullition, ce qui rendait le lait plus épais. Quand Sitanath Babu n'apparaissait pas, le dimanche n'en était pas un pour nous.

Un étudiant en médecine venait à certaines heures nous initier aux os du corps humain, à l'aide d'un squelette suspendu dans la salle d'étude. Et le Pandit Heramba Tatwaratna trouvait encore, dans nos journées, des heures pour nous instruire des règles de la grammaire sanscrite. Je ne sais ce qui nous paraissait le plus imprononçable, le nom des os ou les *sutras* du grammairien. Je crois que les seconds remportaient la palme.

Nous n'abordâmes l'anglais qu'après avoir fait des progrès sensibles dans l'instruction générale, en bengali. Aghore Babu, notre maître d'anglais, qui suivait les cours de l'Ecole de médecine, ne pouvait venir que le soir.

On célèbre la découverte du feu comme l'une des

plus grandes acquisitions du genre humain. Je ne voudrais pas y contredire mais il m'est impossible de ne pas trouver les petits oiseaux très heureux de ce que leurs parents ne savent pas allumer de lampe le soir. On leur donne leurs leçons de langues de bonne heure le matin, et vous aurez remarqué avec quel entrain ils les prennent. N'oublions pas, toutefois, qu'ils ne sont pas tenus d'apprendre l'anglais !

Notre professeur avait une santé si résistante que les vœux conjurés de ses trois élèves étaient impuissants à leur procurer son absence un seul jour. Une fois seulement, il s'alita pour une lésion du crâne, survenue pendant une rixe entre les étudiants hindous et les eurasiens (1), rixe au cours de laquelle une chaise l'atteignit à la tête. C'était un accident fâcheux; pourtant nous fûmes incapables de l'envisager comme un malheur personnel, et la convalescence nous parut d'une rapidité inconcevable.

C'est le soir. La pluie tombe à torrents. Dans notre allée, l'eau monte jusqu'à la hauteur des genoux. L'étang a inondé le jardin et les sommets embroussaillés des arbres Bael apparaissent au niveau de l'eau. Tout notre être, en cette soirée d'averse délicieuse, exhale le contentement le plus vif, telle la fleur de *Kadamba* quand elle répand son parfum épicé. L'heure d'arrivée du maître est passée depuis plusieurs minutes ! Cependant on n'est pas encore sûr !... Nous sommes sous la véranda, d'où l'on

(1) Les Eurasiens sont les enfants issus de mariages entre Hindous et étrangers.

domine l'allée (1), le regard tendu, fixe, anxieux. Soudain notre cœur frappe un grand coup, puis s'effondre. Le parapluie noir bien connu a tourné le coin et s'avance en triomphe, au mépris de l'intempérie. Ne serait-ce pas quelqu'un d'autre ?... — Oh non ! il se pourrait que dans le monde on trouvât un autre homme aussi obstiné, mais dans notre petite allée, jamais !

Je ne voudrais pas faire entendre qu'Aghore Babu fût un homme dur. Il ne nous gouvernait pas avec une verge de fer. Ses admonestations elles-mêmes n'équivalaient pas à des gronderies. Mais, quels que puissent avoir été ses mérites, son heure était tardive et son sujet, l'anglais ! Un ange lui-même aurait pu être pris pour un messager de Yama (2) si, venu chez de petits bengalais à la fin d'une longue journée d'école, il avait allumé une chétive petite lampe pour leur apprendre l'anglais.

Comme je me rappelle bien le jour où pour nous faire sentir tout le charme de la langue anglaise, le maître s'avisa de nous déclamer avec onction quelques lignes d'un livre ! L'effet produit fut inattendu. Nous fûmes pris d'un tel fou rire qu'il se vit obligé de nous congédier. Il doit s'être rendu compte, ce soir-là, de l'aridité de la tâche qui lui était assignée, et il vit sans doute qu'il faudrait des années pour nous amener à son point de vue.

Aghore Babu s'efforçait parfois d'introduire une brise du dehors pour faire diversion à l'aride mono-

(1) L'allée dont il s'agit conduit de la voie publique aux jardins qui entourent la maison.

(2) Le dieu de la mort.

tonie de notre salle d'étude. Un jour, sortant de sa poche un paquet entouré de papier, il nous dit : je vais vous faire voir un merveilleux chef-d'œuvre du Créateur. Puis, déployant l'enveloppe, il en sortit un larynx humain et se mit à nous en expliquer le fonctionnement. Je crois encore sentir le choc que j'éprouvai à cette vue. J'avais cru que la parole procédait de l'homme entier, n'imaginant point que la voix pût être envisagée à part de l'ensemble. Quelque admirable que puisse être l'agencement de ce mécanisme partiel, il l'est toujours moins que l'homme intégral. Ce n'est pas en ces termes, sans doute, que je me rendis compte alors de ma répugnance. Mais le maître s'était trompé en croyant que ses élèves pourraient partager l'enthousiasme qu'il apportait à sa démonstration.

Un autre jour, il nous fit visiter la salle de dissection de l'Ecole de médecine. Le corps d'une vieille femme y était étendu sur une table. Cela ne me fit pas trop d'impression. Mais une jambe amputée gisait à terre et sa vue me troubla complètement. Isolé, ce fragment d'homme me parut horrible, absurde, et cette jambe noire privée de toute signification me hanta pendant plusieurs jours.

Après les deux manuels de lecture anglaise de Peary Sarkar, nous abordâmes celui de Mc Culloch. Au bout des journées, nos membres étaient las, nos esprits aspiraient au sommeil. Le livre noir était volumineux et plein de mots rébarbatifs ; les sujets traités ne pouvaient avoir grand charme non plus, car en ce temps-là, Saraswati (1) n'avait pas mis

(1) La déesse du savoir.

encore sa tendresse maternelle en évidence. Les livres pour enfants n'étaient pas pleins d'images comme ceux d'aujourd'hui. A l'entrée des chapitres de Mc Culloch se dressait, comme une rangée de sentinelles, une liste de mots, les syllabes séparées, hérissées d'accents comme de baionnettes et qui barraient la route. Que de fois j'avais attaqué en vain leurs bataillons rangés !

Notre maître tâchait de stimuler notre amour-propre en relatant les exploits de quelque autre brillant élève. Nous nous sentions dûment humiliés, et peu bienveillants à l'égard de cet autre élève, mais tout cela ne dissipait pas l'obscurité inhérente au volume noir.

La Providence compatissante a instillé une vertu soporifique dans toutes les choses fastidieuses. A peine la leçon d'anglais avait-elle commencé que nos paupières s'alourdissaient. Quelques pas dans la véranda, un peu d'eau fraîche sur nos visages, n'étaient que des palliatifs d'une efficacité momentanée. Si, par un heureux hasard, le plus âgé de mes frères venait à passer et constatait notre tourment, nous étions délivrés pour le reste de la soirée. A l'instant même, notre somnolence avait disparu.

8. — Premier séjour hors de ville.

Une fois, une épidémie ayant éclaté à Calcutta et faisant rage, une partie de notre nombreuse famille dut aller chercher asile dans la villa de Chhatu Babu, au bord du Gange, et nous fûmes de la partie.

C'était mon premier voyage. Les bords de la

rivière m'accueillirent comme l'eût fait un ami connu dans une existence précédente. Là, en face des logements des domestiques, s'étendait un bosquet de guava. Je passais mes journées sous la véranda ombragée par ces arbres, suivant des yeux, entre leurs troncs, le courant du vaste fleuve. Chaque matin au réveil, la journée semblait m'être offerte comme une lettre pleine d'heureuses nouvelles, que j'allais découvrir en ouvrant l'enveloppe aux bords dorés.

De peur de perdre un instant, je faisais diligence pour me vêtir et m'installer sur ma chaise au dehors. Tous les jours la marée montait, puis descendait, le Gange. De nombreux bateaux passaient à des allures différentes. L'ombre des grands arbres se mouvait de l'ouest à l'est et, sur l'autre rive, au dessus de la frange des troncs qui bordaient le haut de la forêt, s'épanchait au couchant le flot d'or de la vie par les déchirures des nuées. Certains jours étaient nuageux dès le matin. Les bois semblaient noirs ; des traînées sombres passaient sur la rivière. Puis tout à coup la pluie se précipitait, violente, tapageuse, brouillant tout l'horizon. La ligne indistincte de l'autre berge s'évanouissait dans les larmes ; le fleuve s'enflait de gonflements contenus et le vent humide se donnait libre carrière dans le haut du feuillage au dessus de nos têtes. Echappé du sein des murailles, des poutres et des charpentes, je me sentais comme venu au monde pour la seconde fois. En rapport avec cette ambiance du dehors, je croyais voir tomber le vêtement d'habitudes mesquines qui recouvre la vie quotidienne. Certes, le sirop de mélasses que je prenais pour déjeuner avec des *luchis* froids, devait être tout semblable à l'ambroisie dont *Indra* (1) s'abreuve dans son ciel. L'immortalité, en effet, n'est pas dans le nectar mais en celui qui le goûte. Et pour cette raison ceux qui cherchent l'immortalité ne la trouvent pas.

Derrière la maison il y avait un enclos ceint de murs avec un étang, où des escaliers descendaient d'une plateforme destinée aux baigneurs. A côté s'élevait un arbre immense, un Jambolan, et tout alentour des arbres fruitiers plantés en bosquet épais, au milieu desquels l'étang paraissait se cacher. La beauté voilée de ce petit jardin privé était pleine de charme par contraste avec l'étendue spacieuse de la rivière, vue de l'autre façade. Je le trouvais semblable à une épouse, reposant dans l'intimité de sa sieste, l'après-midi, couchée sur la couverture de couleurs vives, brodée de sa propre main, et murmurant à voix basse les secrets de son cœur. Je passai bien des heures du milieu du jour sous ce Jambolan, rêvant au royaume redoutable des Jakshas, qui peut-être se cachait dans les profondeurs de l'étang (2).

J'aurais bien voulu voir un village bengalais, ses groupes de chaumières et de pavillons, ses champs, ses marchés, ses ruelles, ses bains, sa vie en un mot, telle que je l'imaginais. Il y en avait un tout proche du mur de notre jardin, mais nous n'avions pas la permission d'y aller. Sortis de prison, nous n'étions pourtant pas en liberté. Auparavant, c'était une cage ;

(1) Indra est le Jupiter pluvius de la mythologie hindoue.

(2) Le roi des Jakshas est le Pluton de la mythologie hindoue.

à présent, c'était un perchoir, mais la chaîne était toujours là.

Un matin, deux de nos aînés sortirent pour faire un tour de promenade au village. Je ne pus me retenir plus longtemps et, me glissant inaperçu derrière eux, je les suivis à quelque distance. Longeant le chemin ombragé, bordé de haies épaisses de scoras épineux, non loin d'un étang couvert de plantes aquatiques vertes, je me délectais de la vue d'une chose après l'autre, lorsque tout à coup mes aînés s'aperçurent de ma présence derrière eux. — « Va-t-en vite, va-t-en ! retourne à la maison tout de suite ! » me crièrent-ils, indignés. Nu-pieds, sans écharpe ni robe par dessus ma tunique, je n'étais pas vêtu convenablement pour sortir. Était-ce ma faute, pourtant, si je ne possédais ni bas, ni appareil de toilette, ni rien de superflu en fait d'habillement ? Je m'en retournai, non seulement déçu de ma tentative, mais sans la moindre chance de mieux réussir une autre fois ni d'obtenir jamais la permission désirée.

Néanmoins, si le monde du Dehors m'était interdit de ce côté-là, de l'autre s'étendait la vue du Gange qui m'affranchissait de la servitude. Là mon imagination, quand il lui plaisait, pouvait s'embarquer sur les bateaux qui joyeusement naviguaient, et partir avec eux pour des pays innommés dans la géographie.

Quarante ans se sont écoulés et je n'ai jamais revu cette villa au jardin ombragé de *champak*. La même vieille maison et les mêmes vieux arbres doivent s'y trouver encore ; mais je sais bien qu'ils ne seraient plus les mêmes pour moi, car où prendrais-je, à présent, ce sentiment merveilleux de fraîcheur qui faisait alors leur charme ?

Nous retournâmes à la maison du Jorasanko, en ville. Et mes jours redevinrent autant de bouchées offertes à l'engloutissement dans la gueule béante de l'École Normale.

9. — Je m'exerce à la poésie.

Comme le nid de certains insectes, mon cahier bleu fut bientôt rempli de lignes obliques, hérissées, et des traits épais ou ténus de mon griffonnage. Les doigts impatients du petit écrivain eurent vite fait d'en chiffonner les pages, dont les bords frangés, recroquevillés, finirent par se recourber en griffes, comme pour mieux retenir leur précieux contenu. Enfin, la rivière *Baitarani* (1) emporta le cahier dans ses flots vers un oubli miséricordieux; l'épreuve d'un passage par les presses d'imprimerie lui fut épargnée et il échappa ainsi au péril d'une naissance dans notre vallée de larmes.

Je ne puis me vanter d'avoir assisté en spectateur impassible aux progrès de ma réputation de poète. Sakhari Babu qui, sans être l'un des maîtres de notre classe, m'avait pris en amitié, m'envoya quérir un jour et m'interrogea : « Est-il vrai que vous écriviez de la poésie ? » Je n'en disconvins pas et, dès ce jour, le maître me proposa de temps en temps de compléter une strophe dont il me donnait les premières lignes.

(1) Correspond au Léthé.

Un autre professeur de notre école, Govinda Babu, était un petit homme très-brun de teint, corpulent dans ses habits noirs et qui, revêtu de la dignité de directeur, siégeait devant ses registres dans un bureau du second étage, redouté de tous, car il était le juge dispensateur de la verge.

Une fois, précédemment, j'avais fui jusqu'auprès de lui pour échapper aux poursuites de cinq ou six persécuteurs plus âgés que moi. Mes larmes seules avaient pu témoigner en ma faveur, mais j'avais gagné ma cause, et depuis, Govinda Babu m'avait conservé dans son cœur un recoin tendre. Appelé chez lui, un jour, pendant la récréation, je m'y rendis avec crainte et tremblement, mais ce fut pour m'entendre encore adresser la même question : « Vous écrivez des vers ? » L'ayant admis sans hésitation, je reçus pour tâche, séance tenante, de composer un poème sur je ne sais quel précepte de haute morale. Un tel ordre, de la part de ce maître, impliquait une condescendance dont seuls ses anciens élèves pourraient apprécier l'étendue. Le poème achevé, quand je le remis entre ses mains, il me conduisit lui-même dans la classe la plus élevée, et, me plaçant debout devant les élèves : « Récite ! », me commanda-t-il. Je récitai d'une voix de stentor. Ce qu'on peut dire de mieux au sujet de ce poème moral, c'est qu'il se hâta de s'égarer. Son effet sur la classe ne fut rien moins qu'encourageant. Aucun sentiment d'estime pour son auteur ne s'éveilla dans l'auditoire. La plupart se dirent convaincus que je ne l'avais pas composé. L'un même offrit de produire le livre d'où, prétendait-il, je l'avas transcrit. Personne n'insista pour voir ce livre, car il est trop fastidieux d'entendre faire la preuve de ce qu'on est disposé à croire sur parole. En fin de compte, néanmoins, on vit s'accroître dangereusement le nombre des candidats à la gloire poétique, mais sans que leurs méthodes révélassent aucun rapport avec les voies d'une haute moralité.

De nos jours, il n'y a plus rien d'étonnant à voir un jouvenceau faire des vers. Le prestige de la poésie a disparu. Au temps dont je parle, les femmes très rares qui s'essayaient à la versification étaient considérées comme des miracles du Créateur, tandis qu'à présent, si l'on entend dire d'une jeune fille qu'elle n'écrit jamais de vers, on conserve sagement des doutes. C'est bien avant la classe supérieure de l'école que l'art poétique commence à bourgeonner. Aucun Govinda Babu moderne ne ferait la moindre attention à de poétiques exploits tels que ceux que je viens de relater.

10. — **Srikantha Babu.**

J'avais alors un auditeur comme je n'en aurai plus jamais de semblable, un auditeur doué d'une capacité d'approbation si énorme qu'elle l'aurait à jamais discrédité, auprès des directeurs de nos Revues, pour la fonction de critique littéraire.

C'était un vieillard. Il ressemblait à un fruit de mango parfaitement mûr. Ni une fibre coriace, ni une seule trace d'acidité ne se rencontraient dans tout son être. Au dessus de son tendre visage rasé de frais s'arrondissait un crâne absolument chauve.

Ses gencives n'étaient pas incommodées par la présence du moindre vestige de dent, et de ses gros yeux souriants rayonnait un contentement perpétuel et sans bornes.

Elevé à l'ancienne école persane, il ne comprenait pas un mot d'anglais. A son côté gauche pendait un *hubble-bubble* (1), un *sitar* (1) reposait sur ses genoux, et de son gosier s'envolaient des mélodies intarissables.

Nulle part, Srikantha Babu n'avait besoin d'être introduit formellement, car personne n'aurait pu résister au charme de son cœur génial. Il nous conduisit une fois dans le grand atelier d'un photographe anglais pour y faire faire nos portraits avec le sien. Il sut si bien captiver le photographe en lui racontant candidement, dans un mélange d'hindoustani et de bengali, qu'il était pauvre, mais brûlait du désir de posséder cette photographie, que son interlocuteur, en souriant, lui consentit un prix de faveur. Et telle était la simplicité d'enfant de Srikantha Babu, son inconscience de toute apparence d'indiscrétion, que, dans cet établissement correct et rigide à l'anglaise, ce marchandage ne fit nullement l'effet d'une incongruité. Je l'accompagnais aussi quelquefois chez un missionnaire européen. Là, par sa musique et ses chants, par ses gentillesses pour la petite fille du missionnaire et par son admiration pour le petit pied finement chaussé de la dame de la maison, il apportait plus d'enjouement et d'entrain que n'importe quel

(1) Instruments de musique.

visiteur. Tout autre homme eût pu paraître importun par ces façons naïves, mais lui plaisait à tous; sa simplicité et sa bonne humeur se communiquaient à la ronde.

Srikantha Babu était insensible à l'incivilité et imperméable même à l'insolence. Dans ce temps-là, un chanteur de quelque réputation était l'hôte de notre famille. Quand il avait bu plus que de raison, il se permettait de railler les chants du pauvre Srikantha Babu en un langage des moins choisis. Celui-ci le laissait dire avec une tolérance impassible, sans tenter l'ombre d'une réplique. Lorsqu'enfin l'incorrigible grossièreté de cet homme le fit congédier, Srikantha Babu intercéda vivement en sa faveur. « Ce n'était pas lui, répétait-il avec instance, c'était la liqueur ! »

Il ne pouvait supporter de voir souffrir qui que ce fût, ni d'entendre parler de souffrance. Si l'un de nos camarades était pris de l'envie de le tourmenter un peu, il n'avait qu'à lire à haute voix devant lui des passages de *l'Exil de Sita*, de Vidyasagar. Le pauvre auditeur, profondément troublé, levait alors les deux mains en signe de protestation et suppliait que l'on cessât la lecture.

Ce vieillard était en même temps l'ami de mon père, celui de mes frères aînés et le nôtre. Il était du même âge que nous tous. Comme n'importe quel caillou jeté dans un étang suffit à en faire rejaillir les ondes, ainsi la moindre incitation le faisait bondir en des transports de joie. J'avais composé un hymne où il était question des épreuves et des tribulations de ce monde. Srikantha Babu fut convaincu d'emblée que mon père serait enchanté de cette perle de poésie religieuse et, dans un élan d'enthousiasme, il s'offrit à la lui faire connaître. Par bonheur, j'étais absent à ce moment là, mais j'appris ensuite que mon père s'était grandement diverti de voir son cadet informé déjà des vicissitudes de l'existence au point d'en faire des vers. Assurément notre directeur, Govinda Babu, aurait manifesté plus d'appréciation de cet effort littéraire, de ma part, sur un si grave sujet !

Pour le chant, j'étais l'élève favori de Srikantha Babu. Il m'avait enseigné une mélodie sur ces paroles : « Plus de Vraja pour moi » (1) ! et il m'entraînait à sa suite dans toutes les chambres de la maison pour le chanter à tous et à chacun. Je chantais, il jouait l'accompagnement sur sa *sitar*, et quand nous en venions au refrain, il faisait chorus, le répétant avec un sourire et des signes de tête aux auditeurs, comme pour les stimuler à une appréciation plus enthousiaste.

Il avait pour mon père une admiration religieuse. Un hymne adapté à l'un de ses chants, s'achevait par ces mots : « Car il est le cœur de nos cœurs ». Lorsque Srikantha Babu chantait cet hymne à mon père, il s'exaltait si fort qu'il s'élançait de son siège, et, frappant avec force sur sa *sitar*, au lieu des mots : « Car il est le cœur de nos cœurs », il chantait en variante, en élevant la main vers le visage de mon père : « Car *vous* êtes le cœur de nos cœurs ».

(1) Vraja, le terrain de jeux de Krishna.

Quand le vieillard fit à mon père sa dernière visite, celui-ci, malade lui-même, séjournait à Chinsurah dans une villa au bord du Gange. Srikantha Babu, mortellement atteint par sa dernière maladie, ne pouvait plus se lever sans appui ni ouvrir les yeux sans soulever ses paupières avec les doigts. Dans cet état et avec l'aide de sa fille, il fit le voyage de sa demeure de Birbhoom à Chinsurah. Péniblement, il se courba jusqu'en terre pour enlever la poussière des pieds de mon père, puis s'en retourna en son logis de Chinsurah où, peu de jours après, il rendit le dernier soupir. J'appris ensuite par sa fille qu'il était parti pour sa jeunesse éternelle en chantant : « Que ta miséricorde est douce, ô Seigneur ! »

11. — Nos études en bengali prennent fin.

Nous étions alors dans l'avant-dernière classe à l'école ; à la maison nous avions progressé beaucoup plus vite, étant parvenus jusqu'au bout du livre de physique populaire d'Akshay Datta, et achevant aussi de lire l'épopée du Megnadvadha. On nous enseignait la physique sans démonstration aucune et la connaissance acquise restait purement livresque. En réalité, le temps ainsi employé avait été tout à fait perdu, plus perdu que si nous l'avions passé à ne rien faire. Le Megnadvadha ne nous avait pas non plus procuré de joie, car vous ne sauriez déguster un mets, fût-il exquis, si on vous le jette au visage. Lire une épopée en guise d'exercice pour apprendre une langue, c'est aussi insensé que de se servir d'une épée pour se raser : triste fonction pour l'épée, mauvais service à rendre au menton ! Un poème doit être abordé par la voie émotionnelle. Si l'on s'en approche avec l'attirail encombrant d'une grammaire et d'un dictionnaire, il ne faut pas s'attendre aux faveurs de la divine Saraswati. Cependant notre carrière à l'École Normale allait prendre abruptement fin. Voici comment.

L'un des maîtres ayant exprimé le désir d'emprunter à notre bibliothèque la biographie de mon grand-père par Mitra, Satya, mon neveu et camarade de classe s'enhardit au point de s'offrir comme intermédiaire pour demander ce livre à mon père. Après considération, toutefois, il jugea peu convenable de présenter cette requête dans notre idiome accoutumé, le bengali familier ; il s'avisa de composer une phrase en bengali archaïque et de la réciter avec une savante précision. Mon père dut estimer, à l'entendre, que nos études dans cette langue avaient un peu dépassé la mesure et risquaient de tomber dans l'excès, car, le matin suivant, comme l'on avait disposé notre table, selon la coutume, dans la véranda du midi, que la planche noire était suspendue à son clou et tout en place pour la leçon de Nilkamal Babu, nous fûmes tous trois convoqués auprès de mon père, dans son appartement à l'étage supérieur. « Vous n'avez plus besoin, nous fut-il annoncé, de prendre des leçons en bengali. » A ces mots, nos esprits se mirent à danser de joie. Nilkamal Babu nous attendait en bas, les livres ouverts sur la table et s'apprêtant sans doute à nous faire recommencer le Megnadvadha d'un bout à l'autre. Mais, dit-on, les petites routines de l'existence perdent, au moment de la mort, toute apparence de réalité ; en cet instant d'extase, toutes choses, depuis notre maître jusqu'au clou de la planche noire, tout, dis-je nous apparut comme un mirage qui s'évanouit. Il ne restait qu'une préoccupation : comment annoncer la nouvelle à Nilkamal Babu avec un décorum suffisant ? Nous parvînmes, toutefois, à nous en acquitter avec une civilité convenable, tandis que, du haut de la planche noire, les figures géométriques nous contemplaient étonnées et que les vers blancs de la Megnadvadha nous jetaient un morne regard. « Il se peut », dit notre Pandit en prenant congé de nous, « que, sous l'empire d'un sentiment du devoir, j'aie été parfois sévère envers vous. N'en gardez pas le souvenir. Plus tard, vous apprécierez la valeur de ce que je vous ai enseigné. »

En effet, j'ai appris depuis à en estimer la valeur. C'est grâce à cet enseignement dans notre propre langue que nos esprits s'étaient éveillés. L'instruction doit s'acquérir comme le corps prend sa nourriture. Si dès la première bouchée l'appétit se fait sentir, l'estomac se met à fonctionner avant d'être chargé, et les sucs digestifs ont libre carrière. C'est le contraire qui arrive lorsqu'un petit Bengalais prend ses leçons en anglais. La première bouchée lui disloque la mâchoire, et sa bouche s'insurge contre la violence qui lui est faite. Quand il reconnaît plus tard que ce premier morceau n'était pas une pierre, mais au contraire un bonbon assimilable, la moitié de sa vie est déjà derrière lui. Pendant qu'il bégayait et ânonnait sur la grammaire, son organisme restait affamé, et quand enfin il en perçoit le goût, l'appétit a disparu. Si l'esprit n'est pas actif tout entier dès le début, une partie de ses facultés reste torpide à jamais. Dans notre entourage, on s'engouait alors de l'enseignement donné en anglais. Mon troisième frère eut le courage de nous faire poursuivre nos études dans notre propre langue. C'est à lui, dans le ciel, que vont mes remerciements.

12. — Le « professeur ».

En quittant l'Ecole Normale, nous fûmes placés dans une institution eurasienne, l'Académie du Bengale. Nous nous crûmes grandis en dignité, et parvenus tout au moins au premier étage de la liberté. Ce fut bien, en effet, plus de liberté — et rien d'autre — que nous donna cette académie. Nous ne comprîmes jamais ce qu'on nous y enseigna ni ne fîmes aucun effort pour le retenir. Personne, du reste, ne sembla se formaliser de cette indifférence de notre part.

Les camarades étaient peu agréables, mais non pas dégoûtants ; c'était un soulagement. Ils écrivaient à la craie sur leur main le mot : Ane, et nous l'appliquaient sur le dos avec une tape, en criant : « hello ! » ; ou bien ils nous donnaient un coup de poing dans le dos, en regardant innocemment dans une autre direction. Ou encore, ils écrasaient une banane dans notre chevelure, et s'esquivaient au plus vite, inaperçus. Nous avions passé cependant d'un bourbier sur terre ferme : on nous ennuyait, on ne nous salissait plus. Cette école m'offrait un autre avantage : personne n'y caressait l'espoir outrecuidant de faire avancer les élèves dans le savoir. C'était une petite institution maigrement dotée et, aux yeux de ses autorités, nous avions le mérite suprême de payer l'écolage régulièrement. Nous y gagnâmes de ne point trébucher, même sur les écueils de la grammaire latine. La compassion n'eut rien à y voir, mais les maîtres étaient prévenus par la direction.

De tout repos et bien inoffensive, cette école était pourtant une école. Les mornes salles, aux murs rébarbatifs comme des gendarmes, l'édifice plus semblable à un vaste pigeonnier qu'à une habitation : ni décoration, ni tableaux, pas la moindre tentative pour gagner le cœur des écoliers. Le fait que de jeunes mentalités sont en majeure partie composées d'inclinations et de répugnances était totalement ignoré. Aussi tout notre être se sentait-il déprimé en franchissant la porte de l'étroite cour en quadrangle. Et nous prîmes l'habitude chronique de faire l'école buissonnière.

Nous avions trouvé un complice pour cela en la personne du précepteur persan de mon frère aîné, un homme d'âge moyen, n'ayant que la peau sur les os, comme si l'on avait étendu du parchemin sur son squelette, sans aucun rembourrage de chair ni de sang. Nous l'appelions Munshi. Il possédait sans doute convenablement la langue persane et parlait assez bien l'anglais, mais ce n'était pas dans ce sens que se dirigeaient ses ambitions. Il estimait que ses prouesses dans le maniement sportif du bâton n'avaient d'égal que ses talents de chanteur. Debout au milieu de notre cour, il se livrait à de merveilleuses séries de passes avec son bâton, sans autre partenaire que son ombre. Evidemment, cette ombre n'avait jamais raison de lui ; quand, pour finir, en poussant un grand cri, il la frappait à la tête avec un sourire de triomphe, elle s'aplatissait humblement tout de son long à ses pieds. Quand il chantait, sa voix, d'un timbre nasal et discordant, s'élevait en un mélange de glapissement rauque et de complainte, qu'on aurait pu croire sorti du monde des revenants. Notre maître de chant Vishnu l'apostrophait quelquefois d'un ton railleur, en disant : Attention, Munshi, vous allez nous ôter le pain de la bouche si vous continuez de la sorte. A quoi Munshi ne répondait que par un sourire de dédain. On voit par là que cet homme était accessible aux bonnes paroles. Aussi, quand nous le voulions, pouvions-nous toujours le persuader d'écrire aux autorités scolaires une demande d'exemption en notre faveur. La direction ne se donnait pas la peine d'en vérifier le bien-fondé, sachant qu'au point de vue éducatif, présence ou absence auraient pour nous le même résultat.

J'ai maintenant une école et mes garçons sont tout aussi disposés que nous l'étions jadis à inventer mille fredaines. Quand l'un de nous, indûment harassé par leur turbulence, suggère d'appliquer des pénalités proportionnées, mes propres méfaits d'écolier se dressent en rangée devant moi et me regardent en souriant.

Je vois fort bien aujourd'hui que l'erreur consiste

à juger les écoliers d'après un critère qui s'applique aux adultes, en oubliant qu'un enfant est vif et mobile comme l'eau courante. On n'a pas à s'inquiéter des petits méfaits d'un ruisseau dans son cours, le courant lui-même en étant le meilleur correctif. C'est avec la stagnation que pourrait commencer le danger. Par conséquent, c'est le maître, bien plutôt que l'élève qui doit se garder de bévues.

Nous avions une salle de réfectoire séparée pour les jeunes bramines, afin qu'ils pussent se conformer aux usages prescrits à leur caste. Là nous fîmes connaissance avec quelques élèves, tous plus âgés que nous. L'un d'eux mérite une mention. Sa spécialité, c'était l'art du magicien. Il avait même publié sur ce sujet un petit livre qui, sur sa couverture, portait le nom imprimé de son auteur, accompagné du titre de « professeur ». Or je n'avais jamais connu d'écolier dont le nom fût imprimé sur un livre, et mon respect pour ce « professeur » était profond. Comment supposer que dans les lignes droites et impeccables d'un livre imprimé il pourrait se glisser quelque chose de douteux ? Voir vos propres paroles reproduites par une imprimerie, est-ce peu de chose ? L'audace de s'offrir ainsi sans voile et sans honte au monde entier n'impose-t-elle pas respect et créance ? Une fois, j'avais obtenu de je ne sais quel imprimeur les caractères dont se compose mon nom. Ce fut une expérience mémorable que de les passer à l'encre, de les appuyer sur du papier et de voir mon nom imprimé.

Nous offrions parfois une place dans notre voiture à ce camarade-écrivain. Il s'en suivit un échange de visites. Ce garçon était aussi très fort comme acteur de pièces de théâtre. Avec son concours nous édifiâmes une scène sur notre terrain de jeux, au moyen de papier peint tendu sur des cadres de bambou. Mais une interdiction péremptoire, venue du troisième étage, empêcha tout essai de représentation.

En revanche, une pièce comique se joua peu après sans l'aide d'aucun théâtre. Son auteur, déjà connu du lecteur de ces pages, n'était autre que mon neveu Satya. Qui contemple aujourd'hui ses allures calmes et mesurées serait scandalisé d'apprendre de quelles frasques il était alors l'inventeur. J'avais douze ou treize ans quand il joua le tour dont je vais parler.

Notre ami le magicien nous avait entretenus des étranges propriétés que recèlent certaines choses ; j'étais tourmenté du désir de les vérifier. Mais les matériaux nécessaires étaient toujours très rares ; on ne pouvait guère se les procurer sans le concours de Sinbald le Marin. Une fois, cependant, le « professeur » s'oublia au point de mentionner quelque chose d'accessible. Croirait-on qu'une graine trempée vingt et une fois dans le suc d'un certain cactus peut germer, fleurir et porter du fruit dans l'espace d'une heure ? Sans oser douter de l'affirmation d'un « professeur » dont un livre portait le nom imprimé, j'étais décidé à tenter l'expérience. J'obtins de notre jardinier une ample provision du suc laiteux requis, et un dimanche après-midi, je me rendis dans notre retraite, au coin de la terrasse sur le toit, pour inaugurer la démonstration avec un noyau de mango. Absorbé tout entier dans le rite prescrit, trempant et séchant tour à tour mon noyau, je poursuivis ma tentative. Le lecteur d'âge rassis ne s'enquerra pas du résultat... Mais pendant que j'étais ainsi occupé, Satya, dans un autre coin de la terrasse, avait fait germer, lui, et fleurir une autre plante de sa création qui devait porter des fruits étonnants.

Je remarquai peu après que le « professeur » semblait m'éviter. Il était gêné, intimidé en ma présence. Abruptement, il nous demanda un jour de sauter du haut d'un banc de la salle d'étude, chacun à son tour. Il voulait, dit-il, observer les différences de style dans ce geste. Chez un professeur de magie, une telle curiosité n'était pas pour nous surprendre. Chacun fit le saut et, à mon tour, je m'exécutai. Le magicien murmura « h'm » en hochant la tête ; mais malgré nos instances, il refusa de s'expliquer. Peu après, il nous annonça qu'un de ses amis désirait nous connaître, et il s'offrit à nous conduire chez cet ami. Personne, chez nous, n'y faisant objection, nous nous y rendîmes. Les invités nombreux, manifestant une vive curiosité, exprimèrent le désir de m'entendre chanter. Je ne m'y refusai pas. Vu mon âge, je ne pouvais guère beugler comme un taureau. « Quelle douce voix ! » s'écrièrent à l'envi tous les assistants. On servit des rafraîchissements et tous nous regardèrent manger. Timide de nature, peu accoutumé à de nombreuses compagnies, l'habitude prise sous la tutelle d'Iswar avait en outre fait de moi un petit mangeur. Les invités se récrièrent de nouveau en signalant la délicatesse de mon appétit.

Au cinquième acte de la comédie, je reçus du « Professeur » quelques missives étrangement chaleureuses... qui trahirent le secret de la situation. Laissons ici tomber le rideau.

Satya m'avoua dans la suite que, pendant mon expérimentation de magie avec le noyau de mango, il était parvenu à faire croire au Professeur que l'on me faisait porter des vêtements de garçon pour me procurer une éducation supérieure, mais que ce costume était un déguisement. A qui serait curieux d'en savoir davantage, j'expliquerai qu'une fille est censée sauter le pied gauche en avant. Or c'était justement ce que j'avais fait en sautant dans la salle d'étude. Que j'étais loin de me douter, à ce moment-là, du faux pas que je venais de faire !

13. — Mon père.

Peu après ma naissance, mon père s'était mis à voyager presque continuellement. Je puis dire que durant ma première enfance je le connaissais à peine. De temps à autres, il arrivait à l'improviste, accompagné de serviteurs étrangers dont j'étais curieux de faire la connaissance, par exemple, une fois, d'un jeune serviteur du Penjab nommé Lénu, qui fut accueilli chez nous avec des égards dignes de Ranjit Singh lui-même. Non seulement c'était un étranger, mais un natif du Penjab ! Comment ne nous aurait-il pas captivés ? Nous regardions le peuple du Penjab avec le même respect religieux que Bhima et Arzuna, les héros du Mahabharata. C'était un peuple de guerriers, et si parfois, il avait été vaincu dans les combats, la faute, nous n'en doutions pas, en était à l'ennemi. Il y avait de la gloire à recevoir un Penjabi dans notre maison.

Ma belle-sœur possédait un petit modèle de vaisseau de guerre, protégé par une cloche de verre. Quand on en remontait le mécanisme, ce navire se balançait en cadence sur des vagues de soie peintes en bleu, aux sons d'une boîte à musique. A force d'instances, j'obtenais quelquefois que cette merveille me fût confiée pour la faire admirer à Lenu.

Enfermés dans la maison comme des oiseaux en cage, nous étions fascinés par le charme de tout ce qui venait de loin. C'est ce qui donnait tant de prestige à Lenu, et aussi à Gabriel, un juif, portant une souquenille brodée et qui venait vendre des essences et des huiles parfumées. Les natifs de Kaboul également, avec leur haute taille, leurs vastes pantalons poudreux, leurs havre-sacs et leurs bagages ficelés, captivaient mon imagination. C'est ainsi que lors des visites de mon père, nous nous contentions de fréquenter sa suite et ses serviteurs sans parvenir jusqu'en sa présence.

Une fois, durant un séjour de mon père dans l'Himalaya, le croquemitaine du gouvernement britannique — une invasion des Russes — devint l'objet des appréhensions du public. Une dame bien intentionnée, amie de ma mère, lui représenta le péril comme imminent et le lui décrivit avec la vivacité d'une imagination prolifique. Qui pouvait dire si, des passages du Haut Thibet, une armée russe n'allait pas descendre sur nous et nous balayer comme l'effroyable queue d'une comète ? Ma mère fut sérieusement alarmée. Ne pouvant faire partager son émotion aux membres adultes de la famille, elle chercha la sympathie de son petit garçon. « Que diriez-vous d'écrire à votre père au sujet des Russes ? » me proposa-t-elle. Cette lettre, messagère des inquiétudes maternelles, était la première que j'écrivais à mon père. Ne sachant comment commencer ni comment finir une lettre, je demandai conseil à Mahananda, chargé de la correspondance au bureau du domaine. Grâce à ce concours, le style fut probablement correct, mais les sentiments exprimés durent sentir un peu le moisi, comme l'air du bureau.

Je fus honoré d'une réponse. Mon père me priait de ne pas avoir peur. Si les Russes venaient, il les chasserait lui-même. Cette promesse ne parut pas soulager ma mère de ses frayeurs, mais elle me libéra de toute timidité vis-à-vis de mon père. Je désirai aussitôt lui écrire tous les jours, et je ne cessai d'importuner Mahananda à cet effet. Ne pouvant se débarrasser de moi, celui-ci me préparait des brouillons à copier. Mais j'ignorais qu'il fallût affranchir les lettres. Une fois dans les mains de Mahananda, pensais-je, elles atteignaient leur destination sans autre formalité. Inutile de dire que, Mahananda étant considérablement moins candide que moi, ces lettres ne parvinrent jamais aux monts Himalaya.

Lorsque, après ses longues absences, mon père revenait chez lui pour quelques jours, la maison était remplie de l'importance de sa présence. Nous voyions nos aînés, revêtus de leurs *chogas*, et jetant le béthel qu'ils étaient en train de mâcher, se rendre à son appartement d'un pas mesuré, le visage empreint de sérieux. Tout le monde semblait en éveil. Ma mère, pour être sûre que rien n'irait de travers, surveillait elle-même la cuisine. Le vieil officier servant Kinu, de garde à la porte de mon père dans sa livrée blanche et son turban, nous recommandait de ne pas faire de bruit sur la véranda à l'heure de la sieste de midi. Nous passions sur la pointe des pieds, sans oser même jeter un regard dans l'appartement. Une fois, mon père vint à la maison pour nous donner, à tous trois, l'investiture du fil sacré. Avec l'aide d'un savant védantiste, il avait retrouvé le rite védique institué pour cette cérémonie. Pendant quelques jours entiers, assis dans la salle des prières avec Becharam Babu, on nous apprit à chanter avec l'accent voulu les textes des Upanishads, arrangés par mon père sous le nom de « Brahma Dharma ». Puis, les têtes rasées et des anneaux d'or aux oreilles, nous trois brahmanes en herbe fûmes envoyés dans une partie de l'étage supérieur pour une retraite de trois jours.

Ce fut très divertissant. Les anneaux d'or étaient d'excellents points d'attaque pour nous tirer mutuellement les oreilles. Nous fîmes la découverte d'un petit tambour oublié dans une chambre et, de la véranda, dès que nous apercevions un domestique à l'étage inférieur, nous battions vivement le rappel. Le passant surpris levait les yeux, puis les détournait précipitamment (1).

(1) Il est défendu aux non-brahmanes de jeter les yeux sur le néophyte pendant sa préparation à l'investiture du fil sacré.

Bref, nous ne saurions prétendre que ces jours de retraite se soient passés en d'ascétiques méditations.

Je n'en suis pas moins persuadé que des garçons tout semblables à nous n'étaient pas rares dans les anciens ermitages. Et si quelque vieux document raconte que le petit Saradwata ou Sarngarava (1), âgé de 10 à 12 ans, passait ses jours entiers à offrir des oblations et à chanter des *mantras*, nous ne sommes pas obligés de le croire aveuglément, car le livre de la nature de l'Enfance est un document encore plus ancien et d'une authenticité plus incontestable.

Quand nous fûmes consacrés brahmanes, je me mis à réciter avec ferveur le *guayatri*, texte sacré prescrit aux brahmanes pour la réalisation de soi-même. Ce texte n'est guère de ceux qu'un enfant de cet âge puisse comprendre dans toute sa portée. Je me rappelle mes efforts pour étendre les limites de ma conscience en prononçant l'invocation initiale : « Terre, firmament, cieux ! » Il serait difficile de préciser ce que je ressentais et pensais alors. Mais assurément la fonction la plus haute de l'intelligence n'est pas de saisir clairement le sens des mots. L'objet principal de l'enseignement est, non d'interpréter des termes, mais de frapper à la porte de l'esprit.

Un enfant interrogé sur ce qu'il éprouve quand on frappe ainsi à sa porte, répondra peut-être par une niaiserie, car ce qui se passe en lui est plus grand que ce qu'il saurait exprimer. Voilà ce qu'igno-

(1) Deux novices dans l'ermitage du sage Kanva, mentionnés dans le drame sanscrit *Saruntala.*

rent les gens qui se fient à un examen pour mesurer les résultats d'un enseignement.

Je me souviens de bien des choses que je ne compris point et qui cependant m'émurent profondément. Une fois, par exemple, sur le toit en terrasse de notre villa au bord du Gange, lors d'un soudain amoncellement de nuages, mon frère aîné récita à haute voix quelques strophes du *Messager des nuées* de Kalida. Je ne savais pas un mot de sanscrit, mais cette déclamation extatique d'un rythme sonore me suffit pleinement. Une autre fois, bien avant que je ne fusse en état de lire l'anglais, une édition illustrée du roman de Dickens *Old Curiosity Shop* me tomba entre les mains. Je le lus tout entier, quoique neuf mots sur dix me fussent inconnus. A l'aide des idées que j'en pus saisir, je tissai un fil coloré auquel je rattachai les images. Un jury d'examen m'aurait infligé un zéro, et cependant la lecture de ce livre ne m'avait pas été inutile. Une autre fois, j'avais accompagné mon père, en voyage sur le Gange dans son bateau de plaisance. Parmi les livres qu'il avait avec lui se trouvait un vieil exemplaire de la *Gita Govinda* de Jayadeva. Les vers n'étaient pas imprimés chacun sur une ligne séparée, mais à la suite les uns des autres, comme de la prose. Sans avoir appris le sanscrit, bien des mots m'étaient familiers, par le fait de ma connaissance du bengali. Je ne saurais dire combien de fois je relus cette *Gita Govinda*. Je me souviens encore d'une ligne :

La nuit qui s'écoula dans la chaumière isolée au milieu de la forêt.

Ces mots répandaient nne atmosphère de vague beauté dans mon esprit. Ce seul mot sanscrit *Nibhrita-nikunja-griham,* qui signifie la chaumière isolée dans la forêt, suffisait à me satisfaire.

Il me fallut découvrir par moi-même la métrique compliquée de Jayadeva, dont les divisions disparaissaient dans la forme prosaïque de l'impression du livre. Cette découverte me causa un grand ravissement. Sans doute, je ne compris pas complètement la pensée de l'auteur. Il serait à peine exact de prétendre que j'en saisis quelque chose. Mais la sonorité des mots et la musique de la prosodie remplirent mon esprit d'images d'une beauté merveilleuse, dont je me délectai au point de me décider à copier le livre tout entier pour ne pas m'en séparer

Il en fut de même, un peu plus tard, en lisant *La naissance du dieu de la guerre,* de Kalida. Un vers de ce poème m'émut étrangement, quoique les seuls mots dont je saisisse le sens fussent :

La brise soulevait l'écume des eaux tombantes du Mandakini sacré et agitait le feuillage du déodar.

Ces quelques mots me remplirent de la nostalgie d'en savoir davantage. Mais lorsque, dans la suite, un Pandit m'expliqua les deux lignes suivantes :

La brise déchire les plumes de paon sur la tête du chasseur.

je fus désappointé par la pauvreté de cette conception. J'avais été mieux servi par mon imagination pour compléter la strophe.

Quiconque peut se reporter à son jeune âge

conviendra que ses plus réelles acquisitions ne furent pas alors proportionnées à son degré de compréhension. Nos Kathakas (bardes ou narrateurs) le savent fort bien. Leurs récits contiennent toujours nombre de mots sancrits et de dires obscurs, qui ne sont pas destinés à être compris par leurs auditoires populaires : ce ne sont que des évocateurs de suggestions. On ne saurait faire peu de cas de suggestions semblables quand on apprécie les profits et les pertes d'une éducation. Certaines gens insistent pour établir ce bilan en vérifiant ce que l'enfant peut répéter du texte d'une leçon apprise. Mais l'enfant, et ceux qui, comme lui, n'ont encore que des informations élémentaires, habitent un paradis où l'on peut parvenir à la connaissance sans comprendre exactement chaque pas que l'on fait. C'est quand ce paradis est perdu que vient le jour néfaste où il faut absolument tout comprendre. La route royale est celle qui conduit au savoir sans passer par le morne chemin du raisonnement. Cette route une fois barrée, les marchandages de ce monde peuvent bien se poursuivre, mais la vaste mer et les cimes des montagnes ont cessé d'être accessibles.

C'est pourquoi, je le répète, bien que je fusse incapable à cet âge de réaliser le sens complet du *Guayatry*, il y avait en moi quelque chose qui pouvait se passer de le comprendre entièrement. Un jour, assis sur le sol cimenté de notre salle d'étude, comme je méditais ce texte, mes yeux se remplirent de larmes. Pourquoi, je ne le savais pas. Si l'on m'avait pressé de questions, j'aurais peut-être donné des raisons étrangères au *Guayatri*. Il ressort de tout cela que ce qui se passe dans les retraites profondes de nos consciences ne peut pas toujours être contrôlé par nos facultés superficielles.

14. — Un voyage avec mon père.

Après la cérémonie du fil sacré, ma tête rasée me causa des anxiétés. Quelque faveur que mes camarades eurasiens témoignassent aux attributs de la Vache, ils manquaient notoirement de respect pour le Brahmane (1).

Aussi pouvais-je m'attendre à ce que nos crânes dénudés fussent assaillis de quolibets, sans parler d'autres projectiles. Comme je songeais avec angoisse, un jour, à ces perspectives, je fus appelé auprès de mon père. Que penserais-je d'aller avec lui dans l'Himalaya ? me demanda-t-il. Quitter l'Académie du Bengale ! Partir pour l'Himalaya ! Ce que j'en dirais ? Oh ! que ne pouvais-je déchirer les airs d'un cri de joie, pour exprimer mon ravissement !

Le jour du départ, mon père, selon sa coutume, rassembla toute sa famille dans la salle des prières pour un service divin. Après m'être incliné devant mes aînés pour enlever la poussière de leurs pieds, je montai en voiture avec mon père. Pour la première fois de ma vie, je portais un costume complet confectionné tout exprès pour moi. Mon père en avait choisi lui-même le modèle et la couleur. Un béret de velours brodé d'or complétait mon ajustement.

(1) La Vache et le Brahmane sont les mots d'ordre de l'orthodoxie hindoue moderne.

Je le tenais en main, plein de doutes sur l'effet qu'il produirait sur ma tête sans cheveux. Quand je pris place dans la voiture, mon père insista pour que je le portasse et je dus m'en coiffer. Lorsqu'il détournait la tête, je l'enlevais ; chaque fois que je rencontrais son regard, il fallait le remettre à sa place.

Mon père était minutieux dans ses arrangements. Il n'aimait rien laisser dans le vague et ne souffrait ni négligence ni désordre. Ses relations avec autrui et celles des autres avec lui étaient réglées par un code bien défini. Il différait en cela de la plupart de ses concitoyens. Un peu d'insouciance ne tirait pas à conséquence entre nous autres ; mais avec lui, nos faits et gestes devaient être l'objet d'une attention soignée. Ce n'était pas au degré du décorum qu'il tenait tant, mais à ce qu'on ne restât pas au dessous d'un certain idéal de conduite.

Mon père avait aussi le pouvoir de se représenter nettement chaque détail des choses qu'il ordonnait de faire. Pour une réunion de cérémonie à laquelle il ne pouvait assister en personne, il disposait dans son esprit chaque chose à la place requise, assignait son rôle à chaque membre de la famille et indiquait la place à offrir à chaque convive. Rien ne lui échappait. La cérémonie terminée, il demandait à chacun son rapport et obtenait ainsi une vue d'ensemble. De même, pendant que je l'accompagnais en voyage, tout en évitant avec soin d'intervenir dans mes idées quant à la façon de m'amuser, il ne laissait rien au hasard quant à la conduite qui m'était prescrite par ailleurs.

Nous fîmes d'abord halte à Bolpur. Peu auparavant

Satya y avait séjourné avec ses parents. Aucun enfant dûment informé des choses de son temps n'aurait cru aux récits qu'il nous fit à son retour. Mais nous n'avions pas le moyen d'apprendre à distinguer le possible de l'impossible. La Mahabharata et le Ramayana ne nous y préparaient nullement, et nous ne possédions point de ces livres d'images qui renseignent les enfants sur ce qui se passe autour d'eux. Ce ne fut qu'en nous y heurtant que nous prîmes connaissance des choses de ce monde.

Satya racontait que, pour une personne inexpérimentée, monter dans un train de chemin de fer était chose des plus dangereuse. Une glissade, et l'on était perdu. Puis il fallait se tenir de toutes ses forces à son siège, sinon la secousse, au départ, était telle qu'on ne pouvait prévoir où l'on serait projeté. Aussi étais-je tout tremblant en montant en wagon. Quand je vis que nous entrions très facilement dans notre compartiment, je me dis : à présent, le pire va venir ! Mais lorsque le convoi se mit en marche tout à la douce, je fus amèrement déçu.

Le train avançait, rapide. Les champs étendus, bordés de haies d'un vert bleuâtre et les villages nichés dans les arbres glissaient sous nos regards comme un fleuve d'images fuyantes. Il était tard lors de l'arrivée à Bolpur. En entrant dans le palanquin, je fermai les yeux pour garder intacte pour le lendemain la vision de ce qui allait suivre. Des aperçus incomplets, au crépuscule, n'auraient fait, pensais-je, qu'altérer la fraîcheur de mes impressions.

En m'éveillant au point du jour, mon cœur battait de l'émotion de l'attente. Je sortis. Satya nous avait raconté qu'il se trouvait à Bolpur une chose unique au monde : un sentier conduisant du corps de logis principal à l'aile habitée par les domestiques et si complètement abrité, bien que sans toiture, que pas une goutte de pluie ni un rayon de soleil n'y parvenaient. Je me mis aussitôt à la recherche de ce sentier. On ne s'étonnera pas d'apprendre que je n'ai pu le trouver jusqu'à ce jour.

Citadin comme je l'étais, jamais de ma vie je n'avais vu de rizière. Ayant lu quelque chose où il était question du petit gardien d'un troupeau, je m'étais créé de ce jeune berger une image de fantaisie. Satya disait qu'à Bolpur, la maison était tout entourée de rizières et que là, tout le long du jour, on s'amusait à cueillir le riz, à le faire cuire, et à s'en régaler avec les petits bergers. Je regardai vivement tout à l'entour. Où étaient les rizières dans cette vaste lande inculte ? Et les petits bergers ? Peut-être y en avait-il, mais comment les distinguer des autres petits garçons ? Je ne m'attardai pas, toutefois, à regretter ce qu'on ne pouvait pas voir. Ce que je voyais pouvait bien me suffire.

Ici, point de règne des domestiques. Point de cercle autour de moi, sauf celui de l'horizon bleu tracé par la déesse du lieu. Dans cet espace, je pouvais me mouvoir à ma guise.

Quoique je ne fusse qu'un enfant, mon père n'imposait aucune restriction à mes promenades. Dans les creux du terrain sablonneux, la pluie avait pratiqué des ravins et sculpté de petites collines de gravier rouge et de cailloux de toutes formes, parmi lesquelles couraient de menus ruisseaux. C'était une géographie lilliputienne. Je recueillais dans ma tunique de curieux fragments de pierres et j'apportais à mon père ma collection. Jamais il ne faisait fi de mes travaux. Au contraire, il était pris d'enthousiasme.

— « Magnifique ! s'écriait-il. Où avez-vous trouvé tout cela ? »

— « Il y en a encore des milliers et des milliers, m'exclamais-je. Je pourrais en apporter chaque jour autant ! »

— « Ce serai bien joli, disait mon père. Pourquoi ne pas en recouvrir ma petite montagne, pour la décorer ? »

On avait essayé chez nous de creuser un étang dans le jardin. L'eau ayant manqué, il avait fallu renoncer à l'entreprise et la terre était restée entassée en monticule. Au sommet de cette élévation, mon père aimait à s'asseoir pour sa prière du matin, lorsque le soleil se levait à l'horizon de la plaine étendue devant lui vers l'orient. C'était ce petit tertre qu'il m'offrait de décorer.

Je fus bien affligé, en quittant Bolpur, de ne pouvoir emporter ma provision de pierres. Encore aujourd'hui j'ai peine à comprendre que le seul fait d'avoir rassemblé certains objets ne me confère pas sur eux un droit de propriété absolu. Si le sort avait alors comblé mes vœux, si j'avais pu emporter mes cailloux pour les traîner partout avec moi, je ne serais guère, en ce moment, d'humeur à en rire !

Dans un ravin je découvris un creux plein d'eau de source, qui débordait en un ruisseau où de petits poissons s'ébattaient en remontant le courant.

— « J'ai trouvé une si belle source ! dis-je à mon père. Ne pourrait-on pas y prendre l'eau de notre table et celle du bain ? »

— « Excellente idée, s'écria-t-il aussitôt, partageant mon ravissement. » Et il donna l'ordre de puiser là notre provision d'eau.

Je ne me lassais pas de rôder par monts et par vaux dans ce monde en miniature, que l'on semblait voir par le gros bout d'une lunette. J'y étais comme un Livingston explorateur. Les dattiers nains, les chétifs pruniers sauvages, les jambolans rabougris, tout y était à la mesure des minuscules chaînes de montagnes, du ruisselet et des petits poissons que j'y avais trouvés.

Sans doute pour m'enseigner la prévoyance, mon père me confiait un peu de monnaie, en me priant de lui en rendre compte. Il me chargea aussi de remonter sa précieuse montre d'or, voulant m'inspirer le sentiment de la responsabilité, fût-ce au prix de quelque dommage. Quand nous sortions ensemble le matin, il m'ordonnait de faire l'aumône aux mendiants que nous rencontrions. Jamais, au bout du jour, je ne pus lui rendre un compte exact. Une fois, ma balance dépassa la somme confiée.

— « Il faut que je vous engage comme caissier, observa mon père. L'argent semble avoir l'art d'augmenter entre vos mains. »

Quant à la belle montre, je la remontai avec tant de zèle qu'il fallut bientôt l'envoyer à l'horloger à Calcutta.

Cela me rappelle le temps où, dans la suite, je fus chargé de la gérance du domaine familial, et tenu de présenter chaque mois à mon père un rapport de la comptabilité, sa vue affaiblie l'empêchant d'examiner lui-même les registres. Je devais d'abord lire les totaux de chaque rubrique, et quand mon père était frappé par un chiffre ou par un autre il demandait des explications. Si je tentais de glisser sur n'importe quel détail ou de taire quelque chose qui aurait pu lui déplaire, jamais je n'y parvenais. Aussi ces premiers jours du mois étaient-ils toujours des moments redoutés.

Comme je viens de le dire, mon père avait tout présent à l'esprit, chiffres, arrangements, cérémonies, acquisitions nouvelles ou changements apportés à ses biens. Sans avoir visité la salle de prières nouvellement construite à Bolpur, il la connaissait dans ses moindres détails par les récits de ceux qui venaient de s'y rendre. Sa mémoire était prodigieuse ; quand un fait s'y était inscrit, jamais il ne s'en effaçait.

Mon père avait marqué, dans un volume de la Bhagavadgita, ses passages de prédilection. Il me pria de les lui copier, avec la traduction. A la maison, j'étais un petit garçon sans conséquence ; mais alors, me voyant honoré de si importantes fonctions, je sentis toute la gloire de ma nouvelle situation.

A ce moment-là, mon fameux cahier bleu avait disparu et un volume relié, pour notes quotidiennes, lui avait succédé. Je m'appliquais à donner à mes essais poétiques la dignité d'un vêtement convenable non seulement par égard pour les poèmes mais pour le poète que je voulais être à mes propres yeux. Quand je me mis à écrire des vers à Bolpur, je me complus à le faire étendu de tout mon long sous un jeune cocotier, attitude que je trouvais vraiment poétique. De la sorte, couché sur des cailloux dénudés, à la chaleur brûlante du milieu du jour, je composai une ballade sur la *Défaite du roi Prithwi*, débordante d'un esprit martial qui, toutefois, ne la sauva pas d'une mort prématurée. Le volume relié suivit la trace de son frère aîné le cahier bleu, et disparut comme lui sans laisser son adresse.

En quittant Bolpur, nous fîmes de courtes haltes à Sahebgahj, Dinapore, Allahabad et Cawnpore, et atteignîmes enfin Amritsar.

Un incident du voyage se grava dans mon souvenir. Le train s'étant arrêté à une importante station, le contrôleur entra pour perforer les billets. Il m'examina curieusement, comme s'il éprouvait un doute qu'il n'osait exprimer, puis sortit, et revint avec un compagnon. Tous deux s'attardèrent quelques moments vers la porte du compartiment, et s'éloignèrent de nouveau. Enfin parut en personne le chef de gare. Il regarda mon billet de demi-place, et demanda :

— « Ce garçon n'a-t-il pas plus de douze ans ? »

— « Non », dit mon père.

J'avais onze ans, mais je paraissais plus âgé.

— « Vous paierez une place entière pour lui », déclara le chef de gare. L'œil de mon père lança un éclair. Sans un mot, il tira un billet de banque de sa boîte et le tendit à l'employé. Lorsqu'on voulut lui rendre la monnaie, il la repoussa dédaigneusement, tandis que le chef de gare restait là, confus de la façon dont son doute avait été accueilli.

Le temple d'or d'Amritsar m'apparaît comme un rêve. Souvent, le matin, j'accompagnais mon père à ce sanctuaire des Sikhs au milieu du lac. Des chants sacrés y résonnent sans cesse. Assis dans la foule des adorateurs, mon père joignait parfois sa voix aux hymnes de louange. En voyant cet étranger s'associer ainsi à leurs dévotions, tous devenaient d'une cordialité enthousiaste et nous revenions chargés de cadeaux de sucre candi et d'autres friandises.

Un jour mon père invita l'un des choristes à venir nous voir et obtint qu'il nous fit entendre quelques-uns de ses chants. Sans doute, cet homme s'en alla plus que satisfait de la récompense reçue, car nous dûmes ensuite prendre des mesures sévères pour nous défendre, si insistante fut l'armée des chanteurs qui menaça de nous envahir. Notre maison s'étant montrée imprenable, ils s'avisèrent de nous tendre des pièges dans la rue. Quand nous sortions pour la promenade, le matin, nous voyions à chaque instant surgir un tambura (1) jeté en bandoulière sur une épaule.

Cette apparition était pour nous ce qu'est pour le gibier volatile la vue du fusil d'un chasseur. Nous devînmes si prudents que de très loin, le son du tambura nous mettait en fuite, et que plus jamais nous ne fûmes pris au piège.

A la tombée de la nuit, mon père avait coutume de s'asseoir dans la véranda en face du jardin.

(1) Tambura : instrument qui donne le diapason pour entonner un chant.

J'étais alors invité à venir chanter. Je vois encore cette scène du soir. La lune s'est levée ; à travers les arbres, ses rayons tombent sur le plancher de la véranda. Sur une mélodie de Behaga, je chante :

O compagnon des plus sombres instants de la vie !...

Mon père, la tête penchée, les mains jointes, écoute avec une intense attention.

J'ai dit quel avait été l'amusement de mon père à entendre Srikantha Babu déclamer ma première poésie religieuse. Le jour vint pourtant, dans la suite, où j'obtins ma récompense. A l'une de nos fêtes populaires du *Magh*, on chanta plusieurs hymnes de ma composition, dont l'une débutait ainsi :

L'œil ne peut te voir, Toi qui es la prunelle de tous nos yeux...

Mon père, alors alité à Chinsurah, nous envoya quérir, mon frère et moi, et, priant mon frère de m'accompagner sur l'harmonium, il me fit chanter tous mes hymnes l'un après l'autre, et quelques-uns deux fois de suite. Quand j'eus terminé, il dit : « Si le roi connaissait la langue de notre pays et pouvait apprécier sa littérature, il récompenserait sans doute le poète. Puisqu'il n'en est pas ainsi, c'est à moi, je pense, qu'il appartient de le faire. » Et il me tendit un chèque.

Pour en revenir à notre voyage, mon père avait apporté des livres d'étude à mon intention. Il choisit d'abord une vie de Franklin, pensant que cette lecture me plairait comme un livre d'histoires et qu'elle serait à la fois captivante et instructive. Il s'aperçut bientôt qu'il s'était trompé. Benjamin Franklin était trop homme d'affaires. Sa moralité calculée choquait mon père par son étroitesse, à tel point que, parfois, son indignation de cette prudence terre-à-terre s'exprimait en termes très vifs.

Jusqu'alors, sauf quelques règles de grammaire mémorisées, je n'avais rien eu à faire avec le sanscrit. Mon père me mit d'emblée au second livre de lectures sanscrites, me faisant apprendre au fur et à mesure les déclinaisons. L'ample connaissance que j'avais du bengali me fut très secourable (1).

Mon père m'encouragea dès le début à tenter des compositions en sanscrit. A l'aide du vocabulaire acquis dans le livre de lectures, je me risquai audacieusement à forger de grands mots composés, enrichis à profusion d' « m » s et d'« n » s retentissants. Cela faisait de cette langue des dieux un amalgame infernal. Mon père, cependant, ne se moqua jamais de ma témérité.

Il y avait aussi l'astronomie populaire de Proctor, que mon père m'expliquait en langage élémentaire et que je résumais ensuite en bengali.

Parmi les livres achetés par mon père pour son propre usage, se trouvait l'ouvrage de Gibbon : *Rome*, en 10 ou 12 volumes. Ces livres excitèrent ma curiosité, mais ils me parurent terriblement secs. Je ne suis qu'un petit garçon, pensais-je, et naturellement

(1) Un grand nombre de mots du bengali littéraire sont empruntés tels quels au sanscrit.

il faut que je lise beaucoup de livres parce qu'on me l'ordonne ; mais comment une grande personne, qui ne choisit que ce qui lui plaît, peut-elle s'infliger une pareille lecture ?

15. — **Aux monts Himalaya.**

Après un mois de séjour à Amritsar, nous partîmes vers le milieu d'avril pour les collines de Dalhousie. Telle était l'ardeur du désir qui me portait vers les montagnes, que les derniers jours à Amritsar me parurent interminables.

Les versants en terrasses que nous traversâmes en jhampan étaient comme en flammes sous la splendeur des floraisons printanières. Chaque matin, nous partions après un déjeuner de lait et de pain, et avant le coucher du soleil nous atteignions le bungalow suivant, où nous trouvions abri pour la nuit. Mes yeux ne se reposaient pas une minute, toute la journée, de peur que la moindre des choses ne vînt à leur échapper. Lorsque, au tournant de la route, dans une gorge, la forêt devenait plus dense et que, de l'ombre des grands arbres, s'élançait une menue cascade, telle une fillette gambadant aux pieds de vénérables ermites en méditation et babillant en sautant sur les rochers noirs couverts de mousse, les porteurs du *jhampan* déposaient leur fardeau pour se reposer. Pourquoi, ah—! pourquoi, criait alors mon cœur assoiffé, fallait-il absolument repartir ? Que ne pouvions-nous rester là pour toujours ?

Tel est le grand avantage des visions premières. L'esprit ne prévoit pas qu'il en viendra beaucoup d'autres semblables. Quand, plus tard, notre faculté calculatrice en est avertie, elle s'applique aussitôt à faire des économies d'attention, et ne se départit de cette avarice que pour évaluer les choses qui lui paraissent exceptionnelles. C'est ainsi que, dans les rues de Calcutta, il m'arrive de me figurer que je suis un voyageur étranger ; alors seulement je découvre des choses dignes d'être vues, des choses qui passaient inaperçues sous mes yeux inattentifs. C'est la faim de voir véritablement quelque chose qui porte les gens à voyager en pays étrangers.

Mon père me confiait la garde de la petite boîte où il serrait son argent. Il n'avait nulle raison de croire que je fusse le gardien le plus sûr des sommes considérables qu'il y tenait pour nos dépenses de voyage. Il aurait certes éprouvé plus de sécurité à les savoir entre les mains de Kishori. Il faut donc supposer qu'il voulait me former aux responsabilités. Un jour que, dans le bungalow où nous faisions halte, j'oubliai de lui remettre la boîte et la laissai sur une table, cela me valut une réprimande.

Quand nous arrivions au but de la journée de voyage, mon père faisait placer des sièges en dehors du bungalow et nous nous y installions. Au crépuscule, les étoiles s'allumaient, merveilleuses dans la transparence de l'air de montagne, et mon père me montrait les constellations ou me faisait l'honneur d'un petit discours d'astronomie.

Nous occupions à Bakrota une maison située au sommet de la plus haute colline. Quoique l'on fût près du mois de mai, il y faisait encore très froid, si froid que, du côté de l'ombre, la glace n'était pas fondue. Un peu au dessous de notre maison s'étendait un espace boisé couvert d'immenses déodars. Avec mon bâton ferré, je m'aventurais seul dans cette forêt solitaire. Ces arbres royaux, s'élevant comme autant de géants au dessus de leur ombre épaisse, quelles vies incommensurables ils avaient vécues au cours des siècles ! Et moi, petit garçon né d'hier, je me permettais de rôder autour de leurs troncs ! Je croyais percevoir vaguement une présence énorme comme celle de quelque saurien des premiers âges de la terre, créature fantastique dont les écailles étaient les taches d'ombre et de lumière qui marbraient tout alentour les mamelons verts.

Ma chambre occupait l'une des extrémités de la maison. De mon lit, par les fenêtres sans rideaux, j'apercevais les lointains pics neigeux luisant à la clarté des étoiles. Parfois, dormant à demi, je voyais, à je ne sais quelle heure, passer mon père, enveloppé d'un châle rouge, une lampe allumée à la main. Il se rendait à la véranda vitrée où il s'asseyait pour ses dévotions. Après un autre somme, je le trouvais à mon chevet, venu pour m'éveiller avant le point du jour. C'était l'heure fixée pour mémoriser les déclinaisons sanscrites. Réveil cruellement hivernal, hors de la tiédeur caressante des couvertures. Au lever du soleil, mon père, après ses prières, achevait avec moi le lait du déjeuner, puis, tandis que je me tenais debout à côté de lui, il entrait encore en communion avec Dieu par le chant des Upanishads. Je sortais alors avec lui pour la promenade. Mais comment suivre ses pas ? De plus âgés que moi s'étaient bientôt vus distancés. Au bout d'un moment, j'y renonçais et je regagnais la maison en grimpant par un sentier de traverse.

Au retour de mon père, une heure de leçon d'anglais ; après dix heures, un bain glacé. Inutile de supplier les domestiques de le tempérer par l'addition ne fût-ce que d'un gobelet d'eau chaude. Pour m'encourager, mon père me parlait des bains d'eau glaciale qu'il prenait lui-même dans ses jeunes années.

Une autre pénitence était de boire du lait. Mon père agréait le lait et pouvait en absorber de grandes quantités. Chez moi, soit absence de toute disposition héréditaire à cet égard, soit que les habitudes enfantines dont j'ai parlé, fussent tenaces, l'appétit pour le lait était gravement en défaut. Par malheur nous le prenions de compagnie. Ma seule ressource était la miséricorde des domestiques. A leur compassion — ou à leur faiblesse — j'étais redevable de trouver mon gobelet à moitié rempli d'écume

Après le repas de midi, les leçons recommençaient. Mais c'en était trop pour l'endurance d'un être de chair et de sang. Mon sommeil matinal écourté prenait sa revanche et je succombais à une somnolence invincible. Cependant, si mon père, me prenant en pitié, s'avisait de me libérer, le sommeil s'envolait d'emblée et en route pour la montagne !

Mon bâton à la main, je grimpais souvent assez loin, d'une éminence à l'autre. Mon père n'y faisait aucune objection. Jusqu'à la fin de sa vie, j'ai pu observer qu'il ne mettait jamais obstacle à notre indépendance. Bien des fois, j'ai dit ou fait des choses qui contrariaient à la fois son goût et son jugement. Il aurait pu m'arrêter d'un mot : il préférait attendre que l'impulsion d'arrêt me vînt du dedans. L'acceptation passive, de notre part, de ce qui est convenable ou correct ne suffisait pas à le satisfaire. Il voulait que nous aimions de cœur ce qui est le vrai, et il savait bien qu'une concession sans amour est vide. Il savait aussi que si l'on s'écarte de la vérité, on peut ensuite en retrouver la voie, tandis qu'une acceptation forcée ou aveugle dresse dans le cœur une barricade qui lui ferme le chemin de retour.

Dans ma petite enfance, j'avais une fois conçu la fantaisie d'un voyage sur la grande route de Peshavar en charette de bouvillon. Personne n'approuva cette idée, fort sujette à caution, en effet, au point de vue pratique. Mais quand j'en fis part à mon père, il fut d'avis que c'était une idée splendide. Voyager en chemin de fer, quelle médiocrité ! Là-dessus, il se mit à raconter ses propres courses aventureuses à pied et à cheval. Pas un mot des risques de danger ni d'inconfort.

Beaucoup plus tard, quand j'eus été nommé secrétaire de l'Adi-Brahmo-Samaj, je me rendis une fois chez mon père, à sa résidence de Park Street, pour lui dire que je n'approuvais pas la règle par laquelle les Brahmanes seuls étaient autorisés à célébrer le service divin, les autres castes étant exclues de ce privilège. Sans hésitation, mon père me donna la permission de changer tout cela, si je le pouvais. Investi de cette autorisation, je vis bientôt que le pouvoir me manquait pour accomplir cette réforme. J'avais pu signaler l'imperfection, mais j'étais impuissant à créer l'organisation parfaite. Où prendre les hommes, en effet ? Par quel prestige attirer les personnages compétents ? Après avoir démoli, comment reconstruire ? Jusqu'à ce que les hommes capables se trouvent, une forme imparfaite est meilleure que point de forme du tout. C'est sans doute ce qu'avait pensé mon père en l'occurrence, mais il n'essaya pas un instant de me décourager en me signalant la difficulté. Comme il me laissait errer dans les montagnes à ma guise, il me laissait libre de choisir ma voie à la recherche du vrai. Il ne s'effrayait pas de me voir me fourvoyer, ni ne s'alarmait à l'idée que je pourrais rencontrer des souffrances sur ma route. Il tenait à la main un drapeau, non une verge disciplinaire.

J'entretenais souvent mon père de la maison. Quand j'en recevais une lettre, je m'empressais de la lui montrer. Ce fut, je crois, le moyen de lui faire part de plus d'une chose dont il n'aurait pas eu, sans cela, connaissance. Mon père me lisait aussi les lettres reçues de mes frères aînés, et m'enseignait ainsi comment je devrais à mon tour lui écrire, car il ne faisait fi ni de la forme ni des usages de courtoisie.

Une fois, mon second frère se plaignit dans une lettre, en une phraséologie agrémentée de sanscrit, d'être surmené à mort et enchaîné par le cou au poste du devoir. Mon père me demanda comment je comprenais cela. Ayant entendu mon explication, il en proposa une différente. Ma présomption me porta à m'obstiner et à raisonner avec lui. Un autre m'aurait fait taire par une réprimande. Mon père m'écouta patiemment et prit la peine de justifier son point de vue à mes yeux.

Il me contait parfois des traits amusants, des anecdotes comiques de la jeunesse dorée de son temps. Il y avait alors, paraît-il, de jeunes élégants d'une telle délicatesse que les bordures brodées des plus fines mousselines de Dacca étaient trop rudes pour leur peau. Alors, pour un temps, le dernier cri de la mode fut de porter des écharpes de mousseline aux bordures déchirées.

C'est aussi lui qui me raconta le premier l'histoire du laitier que l'on soupçonnait de baptiser son lait. Plus un de ses clients envoyait d'inspecteurs pour surveiller la traite, plus le liquide devenait bleu. Enfin le client s'étant avisé d'intervenir lui-même, le laitier lui déclara que s'il envoyait encore des inspecteurs, le lait ne serait plus propre à rien d'autre qu'à élever des poissons.

Après avoir passé de la sorte quelques mois auprès de mon père, je fus renvoyé à la maison sous l'escorte de Kishori.

16. — Mon retour.

Mon départ avait brisé les chaînes du régime sévère auquel j'avais été soumis. Au retour, je me vis promu à de nouvelles prérogatives. Tout proche, on m'oubliait par le fait de cette proximité même. Après mon absence, j'attirai de nouveau l'attention.

Déjà pendant le trajet, j'eus l'avant-goût d'une considération inusitée. Voyageant seul, suivi d'un domestique, débordant de santé et d'entrain, coiffé du béret brodé d'or qui éveillait la curiosité, je fus l'objet de marques d'attention de la part de tous les Anglais que nous rencontrâmes.

Mon arrivée ne fut pas un retour de voyage seulement, mais un retour d'exil, de l'exil qui m'avait relégué au quartier des domestiques. A présent, j'obtenais la place qui m'était due dans les appartements intérieurs. Quand les membres de la famille s'assemblaient dans la chambre de ma mère, j'occupais dans le cercle un siège d'honneur. Et celle qui dans la maison était la plus jeune des épouses se mit à me dispenser des trésors d'affection et d'intérêt.

Au petit enfant, les soins aimants d'une femme sont prodigués sans qu'il les demande, et, comme ils lui sont aussi nécessaires que l'air et la lumière, il les reçoit sans en être reconnaissant. Dès qu'il grandit, il manifeste même le désir de s'affranchir de ces liens de sollicitude féminine. Mais celui qui fut privé de ces soins durant ses premières années est une petite créature vraiment déshéritée. Tel avait été mon sort. Aussi quand, après mon éducation au quartier des domestiques, je me vis soudain l'objet d'une affection féminine des plus tendres, je ne pus y rester insensible.

Jadis, quand les appartements intérieurs étaient un pays lointain pour moi, mon imagination en faisait un paradis. Le zenana, que l'on considère comme un lieu de réclusion, était à mes yeux l'asile même de la liberté. Là, ni école, ni Pandit. Personne n'était obligé de faire ce qui lui déplaisait. A ces loisirs abrités s'ajoutait le charme d'un certain mystère. On jouait, on s'occupait à sa guise, sans avoir à rendre compte de ses faits et gestes.

Ma plus jeune sœur, par exemple, bien qu'elle assistât avec nous à la classe de Nilkamal Pandit, pouvait savoir ses leçons bien ou mal sans qu'il en résultât aucune différence apparente dans l'attitude du maître envers elle. A dix heures, quand nous, garçons, devions nous hâter de déjeuner pour être prêts pour l'école, elle, nonchalante, la queue de sa robe frétillant derrière elle, se retirait vers les appartements intérieurs, suivie de nos regards d'envie.

Et quand la nouvelle épouse, ornée de son collier d'or, fit son entrée dans notre maison, le mystère des appartements intérieurs s'accrut d'un nouveau prestige. Elle, venue du dehors, et devenue l'une de nous, elle, l'inconnue et pourtant si proche, exerçait sur moi le charme d'un irrésistible attrait. Je brûlais de conquérir ses bonnes grâces. Mais lorsque, après bien des combinaisons, je parvenais à m'approcher d'elle, ma plus jeune sœur s'empressait de me bousculer en disant : « Que venez-vous faire ici, garçon ? Allez-vous-en vite dehors ! » Le désappointement, aggravé d'humiliation, me causait une vexation amère.

Par les portes vitrées de leurs chambres, on entrevoyait toutes sortes de curieux objets, bibelots de porcelaine ou de verre, brillamment colorés ou décorés avec art. Nous n'étions pas même jugés dignes de les toucher, moins encore d'emprunter l'un ou l'autre pour nous amuser. Ces objets merveilleux et rares contribuaient à rehausser pour nous le prestige des appartements intérieurs.

C'est ainsi que, par maintes rebuffades, j'avais été tenu à distance. Tout comme le monde du dehors, ce monde de l'intérieur me restait inaccessible. Il ne m'en parvenait que de fugitifs aperçus.

Après neuf heures du soir, les leçons d'Aghore Babu terminées, je me retire pour la nuit. Une lanterne suspendue éclaire faiblement le long corridor qui conduit des appartements extérieurs à ceux du dedans. Au bout de ce passage, on tourne vers quatre ou cinq marches d'escalier que la lumière n'atteint pas. Par là, je descends à la galerie qui règne autour du quadrangle intérieur, au premier étage. Une gerbe de rayons de lune tombe du ciel d'orient dans l'angle ouest de la véranda, laissant tout le reste dans l'ombre. Dans ce coin éclairé, les servantes se sont assemblées ; accroupies en cercle, elles tordent des restes de coton pour en faire des mèches de lampe, tout en jasant à demi-voix des choses de leurs villages. Plus d'un tableau comme celui-ci est empreint dans mon souvenir.

Après le souper, ablution des pieds et des mains dans la véranda avant d'aller m'étendre sur ma large couche. Alors l'une des servantes, Tinkari ou Sankari, vient s'asseoir à mon chevet et chante doucement l'histoire d'un prince qui voyage sur une lande solitaire. Le chant terminé, le silence se fait dans la chambre. Le visage tourné vers le mur, je regarde les taches blanches et noires faites par le plâtre détaché ci et là, et qui vaguement se distinguent dans l'ombre. Des images fantastiques en surgissent, tandis que je tombe en somnolence et m'endors. Au milieu de la nuit, parfois m'éveille à demi l'appel du vieux Swadrup, le veilleur, qui fait sa ronde de véranda en véranda.

Mais voici l'avènement d'un nouvel ordre de choses. Je me vois l'objet de cet accueil si longtemps convoité. Ce qui aurait dû m'échoir au jour le jour, de tous temps, m'est accordé soudain tout à la fois avec l'arriéré accumulé. Impossible de nier que cela me tourna la tête.

Le petit voyageur débordait du récit de ses aventures. A chaque répétition, la narration devenait plus libre, jusqu'à ce qu'enfin elle refusa totalement de cadrer avec les faits. Comme autre chose hélas, une histoire s'use, et la gloire du narrateur s'en voit amoindrie. Aussi faut-il bien ajouter de temps à autre de nouvelles couleurs pour en raviver la fraîcheur.

Après mon retour des montagnes, je devins l'orateur principal des réunions que ma mère tenait le soir en plein air, sur le toit en terrasse. La tentation d'acquérir la célébrité aux yeux d'une mère est aussi irrésistible que cette acquisition est facile. Ainsi quand, à l'École Normale, j'avais appris que le soleil est des centaines et des milliers de fois plus gros que la terre, je m'étais hâté de communiquer à ma mère cette information. Elle pouvait y voir la preuve que ce qui paraît petit recèle parfois des grandeurs considérables. De même, je lui récitais des fragments de poésies cités dans notre grammaire bengali en guise d'exemples de rhétorique ou de prosodie. A présent, je débitais à ces réunions du soir les miettes d'astronomie recueillies dans le livre de Proctor.

Kishori, le serviteur de mon père, avait fait partie quelque temps d'une troupe de déclamateurs populaires, qui récitait des versions de Darasathi de nos poètes épiques. Quand nous étions ensemble à la montagne, il me disait souvent : « O mon petit frère (1), si vous aviez été membre de notre troupe,

(1) Les serviteurs appellent leur maître et leur maîtresse père et mère, et les enfants de ceux-ci, frères et sœurs.

quelles séances splendides nous aurions pu avoir ! » Ces paroles me faisaient imaginer la vie charmante d'un petit ménétrier, allant de lieu en lieu, chantant et récitant partout le long du voyage. Kishori m'avait enseigné nombre de chants de son répertoire, et ces chants avaient encore plus de succès que mes discours sur la photosphère du soleil ou sur les lunes de Saturne.

Mais ce qui avait le plus de prestige aux yeux de ma mère, c'était que j'avais lu avec mon père le texte original du Ramayana, l'œuvre du Maharshi Valmiki lui-même, dans sa prosodie sanscrite. (Les habitants de nos chambres intérieures devaient, en effet, se contenter de la version de ce poème en bengali, par Krittivasa.) « Lis-m'en quelque chose, je t'en prie », s'écria-t-elle dans sa joie, quand je lui fis part de cette prouesse. Hélas, mes lectures de Valmiki s'étaient bornées à quelques fragments cités dans mon livre de lectures sanscrites, et ces fragments mêmes, je ne m'en étais pas complètement rendu maître. En fouillant ma mémoire, je m'aperçus que ce que je croyais savoir était devenu indistinct. Je n'eus pas le courage de dire : « J'ai oublié » à la mère émerveillée qui attendait avec bonheur la preuve de mes magnifiques talents. Aussi dans la lecture que je fis surgirent de graves divergences entre l'intention de Valmiki et mes interprétations. Ce sage au cœur tendre, de son siège céleste, doit avoir pardonné au bambin sa témérité, causée par la soif des éloges maternels ; mais Madhusudan (1), l'abatteur de l'orgueil, aura dû être moins indulgent.

(1) Madhusudan, nom de Vishnu sous son aspect de vainqueur du démon de l'orgueil, Madhu.

Ne pouvant contenir son admiration de mon exploit extraordinaire, ma mère éprouva le besoin d'en faire part à tous. « Il faut que tu lises cela à Dwijendra » (mon frère aîné), déclara-t-elle.

« Il ne manquerait plus que cela », pensai-je, et j'alléguai toutes les excuses imaginables pour la dissuader. Mais ma mère ne voulut rien entendre. Elle envoya quérir Dwijendra, et dès qu'il entra, lui dit : « Venez, je vous prie, entendre Rabi lire le Ramayan de Valmiki ! C'est magnifique. »

C'en était fait !... Mais Madhusudan, apitoyé, se contenta de m'infliger un avant-goût de son pouvoir destructeur. Mon frère, sans doute dérangé dans quelque travail littéraire de prédilection, ne fit paraître aucune envie de m'entendre traduire le sanscrit en bengali. A peine avais-je lu quelques vers qu'il dit : « Très bien », et nous quitta.

Après ma promotion aux appartements intérieurs, il me fut encore plus difficile de me remettre à la vie d'écolier. J'eus recours à mille subterfuges pour échapper à l'Académie du Bengale. On fit alors sans plus de succès la tentative de me placer à Saint-Xavier. Après quelques efforts spasmodiques, mes frères aînés prirent le parti de ne plus rien attendre de moi. Ils cessèrent même de me réprimander. « Nous espérions tous », dit un jour ma sœur aînée « que Rabi, en grandissant, deviendrait quelqu'un Il nous a grandement déçus. »

Je voyais bien que, dans le cercle de famille, ma valeur était en baisse. Cependant je ne pouvais me résigner à rester enchaîné à ce moulin scolaire, dénué de beauté et de vie et qui m'apparaissait comme une hideuse combinaison d'hôpital et de geôle.

Il me reste pourtant un souvenir précieux de Saint-Xavier : celui de ses professeurs. Non qu'ils fussent tous d'égale excellence. Chez les maîtres de notre classe, par exemple, je ne pouvais discerner aucun trait de distinction spirituelle ; ils ne me semblaient en rien supérieurs à la moyenne des maîtres d'école — machines à enseigner. Le mécanisme scolaire, par lui-même, dispose déjà d'une puissance implacable ; mais quand on y adapte, comme des meules de pierre, un système de pratiques religieuses extérieures, le cœur de la jeunesse peut y être totalement écrasé. Tel était bien le cas à Saint-Xavier. Cependant, je le répète, un des souvenirs que j'en conserve me fait voir l'image de ses maîtres sous un aspect idéal : c'est le souvenir du Père De Peranda. Ce religieux avait rarement à faire avec nous. Si je ne me trompe, il remplaça seulement une fois momentanément l'un des maîtres de notre classe. C'était un Espagnol. En parlant anglais, il semblait gêné par un défaut de prononciation. Pour cette raison, peut-être, les écoliers ne l'écoutaient guère. Je croyais voir que cette inattention de leur part lui était pénible ; néanmoins il la supportait doucement, jour après jour. Mon cœur, je ne sais pourquoi, se porta vers lui avec sympathie. Son visage était sans beauté, mais toute son apparence exerçait sur moi un attrait singulier. Chaque fois que je le regardais, son âme semblait en prière. Une paix profonde le pénétrait au dedans et au dehors.

Nous avions une demi-heure pour mettre à jour nos cahiers. Souvent, la plume à la main, j'étais alors pris de distraction et mes pensées devenaient errantes. Un jour que le Père De Peranda surveillait cette classe, marchant en long et en large derrière nos bancs, il dut observer que ma plume restait immobile. S'arrêtant derrière moi, il s'inclina et posa la main sur mon épaule en m'interrogeant tendrement : « Etes-vous souffrant, Tagore ? » Ce n'était qu'une question bien simple et pourtant je ne l'ai jamais oubliée. J'ignore ce qu'éprouvaient mes camarades, mais moi, je sentais en lui la présence d'une grande âme. A présent même, son souvenir me fait l'effet d'une introduction dans l'intimité silencieuse d'un temple de Dieu.

Un autre Père âgé était aimé des élèves : c'était le Père Henry. Il était professeur des classes supérieures, aussi ne le connaissais-je guère. Je me rappelle pourtant un petit incident à son sujet. Il savait le bengali ; un jour, il demanda à l'un des élèves de sa classe, nommé Nirada, ce que signifiait son nom. Le pauvre Nirada (1) avait toujours été d'une parfaite insouciance ; jamais il ne s'était demandé ce que pouvait signifier son nom. Il n'était donc nullement préparé à répondre. Mais avouer qu'on ne connaît pas le sens de son propre nom, quand le dictionnaire contient des centaines de mots difficiles et peu usités, c'eût été aussi ridicule que d'être écrasé par son propre équipage. Aussi Nirada, sans hésitation, répondit-il bravement : « *Ni* : privatif ; *rode* : rayon de soleil ; *Nirode* : ce qui cause l'absence des rayons du soleil. »

(1) *Nirada* est un mot sanscrit qui signifie *nuage* : *nira* = de l'eau ; *da* = le dispensateur. En bengali, ce mot se prononce : *nirode*.

17. — Mes études à la maison.

Gyan Babu, un fils du Pandit Vedantavagish, était alors notre précepteur à la maison. Voyant qu'il ne parviendrait pas à fixer mon attention sur les sujets d'étude indiqués au programme scolaire, il y renonça et, s'engageant sur une autre voie, il me fit entreprendre la lecture de la *Naissance du dieu de la guerre*, par Kalida, en m'en traduisant le texte au fur et à mesure. Ensuite, il me lut *Macbeth*, m'expliquant d'abord un passage en bengali, puis m'enfermant dans la salle d'étude jusqu'à ce que j'eusse transposé ce passage en vers. Il me fit ensuite traduire en bengali tout le drame. Par bonheur, cette traduction s'est égarée, et le poids de la responsabilité de cette œuvre ne s'ajoute pas à mon *Karma*.

Le Pandit Ramsarvaswa avait alors pour tâche de surveiller nos progrès dans l'étude du sanscrit. Lui aussi renonça bientôt à la corvée stérile d'initier à la grammaire un élève aussi rétif que moi, et en lieu et place, il me fit lire *Sakuntala*. Un jour, l'idée lui vint de montrer ma traduction de *Macbeth* au Pandit Vidyasagar, et il me conduisit dans la maison de cet homme célèbre. Rajkrishna Mukhierji était justement auprès de lui, en visite. Mon cœur battait le rappel en entrant dans le cabinet de travail du grand Pandit, pièce entièrement bondée de livres. Le visage sévère du maître ne contribua pas à me mettre à mon aise. Néanmoins, comme c'était ma première audience chez un personnage aussi éminent, j'éprouvais un ardent désir de me distinguer. J'eus, me semble-t-il, des raisons de me livrer au retour à un accès d'enthousiasme. Rajkrishna Babu, par contre, se contenta de m'exhorter à rendre le langage des sorcières par un rythme différent de celui que j'avais adopté pour les personnages humains.

Dans mon enfance, la littérature bengali était d'envergure assez maigre, et j'avais absorbé, je crois, tous les livres lisibles et illisibles que l'on pouvait alors se procurer. Les ouvrages destinés à la jeunesse n'avaient pas encore adopté un caractère distinctif, mais j'estime que cela ne me causa aucun dommage. Le fluide aqueux dans lequel on délaie aujourd'hui le nectar littéraire pour le servir aux jeunes gens est certes adapté à la puérilité des lecteurs, mais il ne tient aucun compte de leurs facultés en voie de croissance. Les livres pour enfants devraient être conçus de telle façon que leurs lecteurs pussent en comprendre une partie, tandis qu'une autre partie échappe à leur entendement. Dans notre enfance, nous lisions d'un bout à l'autre tous les livres sur lesquels nous pouvions mettre la main. Ce que nous en comprenions et ce qui restait incompris continuaient ensemble à besogner dans notre esprit. C'est aussi de cette manière que le monde agit sur l'intelligence enfantine. La jeune mentalité s'assimile ce qu'elle comprend, et ce qui la dépasse la conduit un pas plus loin.

Quand parurent les satires de Dinabandhu Mitra, je n'avais pas atteint l'âge auquel ce livre aurait pu convenir. Une de nos parentes en lisait un exemplaire, mais malgré mes instances, je ne pus obtenir qu'elle me le prêtât. Elle tenait le volume sous clé. Le fait de n'y pouvoir atteindre me le fit paraître encore plus désirable, tant et si bien que, poussé à bout, je lançai l'audacieux pari de lire ce livre coûte que coûte.

Un après-midi, ma cousine jouait aux cartes, et ses clés, nouées dans un coin de son *sari*, avaient été jetées par dessus son épaule. Je n'avais jamais fait la moindre attention aux cartes et, à vrai dire, je ne pouvais souffrir ces jeux. On ne s'en serait pas douté ce jour-là, à me voir absorbé dans l'observation des joueurs. Enfin, au moment palpitant où l'un des partenaires fut sur le point d'annoncer une séquence, je saisis l'occasion pour défaire le nœud qui contenait les clés. Je n'étais pas très adroit, et l'excitation me faisait trembler. Je fus pris sur le fait. La propriétaire du *sari* et des clés enleva en souriant le pan d'étoffe de son épaule et le posa sur ses genoux, en continuant de jouer. Alors j'eus recours à un stratagème : Ma cousine avait une prédilection pour le *pan* (1). Je m'avisai de lui en offrir. Au bout d'un moment, pour se défaire de la feuille mastiquée, elle dut se lever et, ce faisant, le pan du *sari* glissa de ses genoux. Il fallut le rejeter en arrière et cette fois, les clés furent dérobées, le voleur s'esquiva et le livre fut dévoré. Ma cousine voulut me réprimander, mais n'y parvint pas, tant nous fûmes tous deux pris de fou rire.

Le Dr Rajendranal Mitra éditait alors une Revue mensuelle illustrée. Mon troisième frère en avait, dans sa bibliothèque, la collection d'une année, reliée

(1) Feuille de béthel que l'on mâche avec des épices.

en volume. Je réussis à m'en emparer et je me rappelle la délectation que j'éprouvai à le lire et à le relire d'un bout à l'autre. Mainte après-midi de vacances se passa tout entière, étendu sur mon lit, le gros volume carré appuyé sur ma poitrine, à lire des récits de baleine du Narval, ou comment on administrait la justice chez les anciens Kazis, ou l'histoire romanesque de Krishna-Kumari. Pourquoi n'avons-nous plus, à présent, ce genre de Revues ? On nous donne des articles de philosophie ou de science, ou bien d'insipides nouvelles et de fastidieux récits de voyages, mais plus jamais ces mélanges sans prétention, qui offrent au premier venu un menu simple et satisfaisant, procurant ainsi la plus grande somme d'agrément possible au plus grand nombre de lecteurs.

Un petit périodique, s'intitulant *Abodhabandi* (l'Ami de l'ignorant), me tomba entre les mains. J'en découvris une collection dans la bibliothèque de mon frère aîné et, jour après jour, je le dévorai, assis sur le seuil d'un cabinet d'étude qui ouvrait sur une petite terrasse au midi. Là je fis ma première rencontre avec les poèmes de Viharila Chakravarti, qui me plurent alors mieux qu'aucun autre. Leur lyrisme sans artifice, tel un son de flûte, évoquait en moi la musique des champs et des clairières. Là aussi se trouvait une traduction pathétique de *Paul et Virginie*, sur laquelle je versai plus d'une larme. La mer splendide, les forêts de cocotiers sur les plages, les collines où gambadaient les chèvres montagnardes, quel mirage à contempler du haut de la terrasse d'un toit de Calcutta ! Et plus loin, oh ! les amours romanesques qui se déroulèrent dans les sentiers de cette île solitaire, entre le jeune lecteur bengali et la petite Virginie coiffée de son mouchoir bigarré !

Ensuite vint le *Bangadarsan* de Bankim, qui me prit le cœur d'assaut. Que c'était dur d'attendre la suite au prochain numéro ! Mais attendre, en surplus, que tous mes aînés eussent fini de le lire, voilà ce qui dépassait la mesure ! Aujourd'hui, le premier venu avale d'une seule bouchée tout le *Chandrashekhar* ou le *Bishabriksha* ; mais lorsque ces récits parurent, quelles impatiences et quelles anticipations, quel ravissement concentré en ces courts instants de lecture suivis de longs intervalles où l'on ruminait chaque épisode à l'infini dans l'attente du suivant ! Quel mélange de plaisir goûté et de désir inassouvi, de curiosité brûlante et d'apaisement ! Les délices prolongées qu'apportaient ces publications en séries, personne ne les connaîtra plus jamais.

Je pris aussi grand intérêt aux compilations de nos poètes antiques, publiées par Sarada Mitter et Akshay Sarkar. Nos frères y étaient abonnés, mais les lisaient irrégulièrement, de sorte que je pouvais me les procurer sans peine. L'étrange langue Maithili de Vidyapati me captivait, parce qu'inintelligible. Je m'ingéniais à en découvrir par moi-même le sens, sans recourir aux notes du compilateur. J'inscrivais les mots les plus obscurs dans un carnet avec leur traduction et je prenais aussi note des particularités grammaticales.

18. — Mon entourage familial.

Un des grands avantages qui m'échurent pendant mes jeunes années fut l'atmosphère artistique et littéraire qu'on respirait dans notre maison. Tout enfant déjà, je me penchais par dessus la balustrade de la véranda qui faisait face à l'édifice isolé où se trouvaient les salons de réception. Tous les soirs, ces appartements étaient éclairés. De superbes équipages s'avançaient sous le porche et des visiteurs arrivaient et repartaient à chaque instant. Ne pouvant pas bien deviner ce qui se passait, je fixais longuement des yeux les croisées illuminées. Minime était l'espace qui m'en séparait, mais un gouffre s'étendait entre ces lumières et mon petit monde enfantin.

Mon cousin Ganendra avait chargé le Pandit Tarkaratna de composer un drame que l'on mettait en scène chez nous. Son enthousiasme pour les lettres et les arts était sans bornes. Il formait le centre d'un groupe qui travaillait consciemment alors à préparer la renaissance qui se manifeste aujourd'hui. Il avait donné le signal d'un nationalisme prononcé dans l'habillement, la littérature, la musique et l'art dramatique. Ses études embrassaient l'histoire de différents peuples et il avait entrepris d'écrire un ouvrage historique sur le Bengale, qu'il ne put achever. Le drame sanscrit *Vikramorvasi* fut traduit par lui, et nombre d'hymnes, aujourd'hui très connus, sont de sa composition. C'est lui, on peut l'affirmer, qui donna le premier élan aux auteurs de nos poèmes et de nos chants patriotiques. Au moment dont je parle, le

Méla hindou était célébré chaque année, et l'on y entendait ce chant, dont mon cousin était l'auteur : « Je rougis en chantant les gloires de l'Inde. »

Je n'étais qu'un enfant quand Ganendra mourut dans le plein épanouissement de sa jeunesse. Mais aucun de ceux qui le virent une seule fois ne put jamais oublier sa belle, grande et noble figure. Son influence était irrésistible. Il attirait et retenait autour de lui des hommes qui ne pouvaient ensuite plus le quitter. C'était un de ces êtres, d'un type particulier à notre pays, qui par leur magnétisme personnel, deviennent le centre de leur famille ou de leur village. En d'autres contrées, où existent des groupements politiques, sociaux ou commerciaux, de tels hommes prennent rang comme chefs de la vie nationale. Chez nous, ce génie spécial, organisateur des hommes en corps collectif, se gaspille misérablement. C'est aussi lamentable que d'emprunter au ciel une étoile pour en faire une allumette.

Je me rappelle encore mieux Gunendra, le frère cadet de Ganendra. Lui aussi remplissait la maison du prestige de sa personnalité. Parents, amis, invités, subordonnés, tous trouvaient également place dans son grand cœur généreux. Il était l'hospitalité même quand il présidait à des réunions dans sa large véranda du midi, ou sur la pelouse auprès de la fontaine, ou au bord de l'étang, sur la plate-forme destinée à la pêche. Son appréciation lumineuse des arts et des talents le maintenait dans un rayonnement continuel d'enthousiasme. Il était le mécène toujours prêt à patronner quelque nouveau projet de festivité, une partie de plaisir, une représentation théâtrale ou tel ou tel autre divertissement, qui ne manquait jamais de réussir brillamment sous ses auspices.

Nous étions trop jeunes pour participer le moins du monde à ces entreprises, mais la vague de réjouissance et d'animation qu'elles soulevaient venait frapper à la porte de notre curiosité. Une fois, l'on répétait dans le grand salon de mon cousin une comédie composée par mon frère aîné. De notre poste d'observation contre la balustrade de la véranda, par les fenêtres ouvertes de la maison vis à vis, nous entendions les éclats de rire mêlés aux couplets d'une chanson burlesque. Nous apercevions même ci et là quelqu'une des bouffonneries d'Akshay Mazumdar. Incapables de saisir ce dont il était question dans ces chansonnettes, nous nous consolions dans l'espoir de le savoir une fois.

Une circonstance insignifiante me conquit l'estime particulière du cousin Gunendra. Jamais, sauf une fois pour la bonne conduite, je ne remportai de prix à l'école. De nous trois, Satya était le meilleur écolier. Ayant passé un jour un bon examen, il lui fut décerné un prix. Au retour, je sautai vivement de la voiture pour annoncer cette grande nouvelle à mon cousin, qui se trouvait au jardin. « Satya a reçu un prix », m'écriai-je en courant vers lui. M'attirant auprès de ses genoux en souriant : « Et vous », questionna-t-il, « n'avez-vous pas aussi un prix ? » — « Non, dis-je, pas moi, mais Satya. » Le plaisir sincère que me causait le succès de Satya parut toucher mon cousin. Se tournant vers ses amis, il le leur fit remarquer avec éloge, à mon grand étonnement, car je n'avais pas considéré mon sentiment sous cet aspect. Cette récompense, qui m'échut pour n'avoir pas remporté de récompense, ne me fit pas de bien. On peut sans inconvénient faire aux enfants des cadeaux, mais non à titre de récompense. Il n'est pas salutaire pour un gamin d'être rendu conscient de ses mérites.

Après le repas de midi, le cousin Gunendra prenait part aux conférences d'affaires qui se tenaient dans les bureaux du domaine, situés dans notre corps de logis. Ces bureaux de nos frères aînés étaient une espèce de club, où la conversation et les plaisanteries alternaient avec les entretiens d'affaires. Mon cousin s'allongeait sur un sofa et moi, je saisissais l'occasion pour me rapprocher de lui.

Il me narrait volontiers des épisodes de l'histoire de l'Inde. Un jour, il m'étonna beaucoup en me racontant comment Clive, après avoir établi aux Indes la suprématie britannique, retourné chez lui, se coupa la gorge. Ici, un grand fait d'histoire accompli, et là, une tragédie cachée dans le sombre mystère d'un cœur humain. Comment s'expliquer cet effondrement, au moment même d'un si grand succès extérieur ? Toute la journée, ce problème s'agita dans mon esprit.

Quelquefois le cousin Gunendra ne pouvait rester dans l'ignorance du contenu de ma poche. Au plus léger signe d'encouragement de sa part, j'en sortais sans vergogne mon volume manuscrit. Inutile de dire que mon cousin n'était pas un critique féroce. Ses appréciations auraient fait bonne figure en guise de réclame. Pourtant, quand l'enfantillage se trahissait par trop dans ma poésie, il ne pouvait retenir un joyeux : Ah ! ah !

Une fois, dans un poème intitulé : « L'Inde notre Mère », à la fin d'une ligne il me fut impossible de trouver d'autre rime qu'un mot qui signifiait charrette. Je fus donc obligé d'introduire cette charrette, sans le moindre vestige de route pour l'y amener. L'exigence de la rime resta inexorable à tous les arguments de la raison. Mais l'explosion de rire avec laquelle cousin Gunendra accueillit cette charrette lui fit reprendre au plus vite le chemin insolite par lequel elle était venue, et l'on n'entendit plus parler d'elle.

Le plus âgé de mes frères travaillait alors à son chef d'œuvre : *Le voyage de rêve.* Il s'installait dans son fauteuil à coussins sur la véranda du midi, un pupitre peu élevé devant lui. Le cousin Gunendra passait là chaque matin quelques moments auprès de lui ; comme une brise du printemps, son immense capacité de jouissance faisait bourgeonner la poésie. Mon frère, tour à tour, écrivait et lisait tout haut ce qu'il venait d'écrire. La véranda tremblait des éclats de rire déclenchés par ses fantaisies. Son imagination poètique était si féconde qu'il écrivait beaucoup plus qu'il ne pouvait ensuite introduire dans son ouvrage. Les pages supprimées, inutilisées pour le *Voyage de Rêve,* gisaient partout dispersées dans la maison, telles les petites fleurs superflues du mango qui tapissent le sol au printemps sous l'ombre du grand arbre. Si on les avait recueillies, ces pages, elles orneraient aujourd'hui notre littérature du Bengale comme d'une corbeille de fleurs.

Tapis derrière les portes ou dissimulés dans les coins, nous prenions à part de festins poétiques, plantureux et débordants. Mon frère était alors au zénith de ses magnifiques talents. De sa plume s'épanchaient, vague après vague, les flots d'une mer d'images, de rimes, de strophes, qui, comme une marée, montaient et inondaient ses plages dans le triomphe d'une joie exubérante.

Comprenions-nous tout à fait le *Voyage de Rêve* ? Avions-nous besoin de le comprendre pour en jouir ? Nous ne parvenions pas, sans doute, aux trésors du fond des mers. — Qu'en aurions-nous fait si nous y étions parvenus ? — Mais nous nous délections des vagues déferlant sur le rivage et, sous leur impulsion, s'élançait joyeux et courait dans nos veines le sang de nos cœurs.

Plus je pense à cette époque, plus je réalise que nous n'avons plus maintenant ce qu'on appelait alors un *mujlis* (1).

Nous vîmes dans notre enfance le déclin de cette sociabilité intime, caractéristique de la génération qui nous a précédés. Les rapports de voisinage étaient si amicaux que les réunions du *mujlis* répondaient à une nécessité, et que ceux qui pouvaient contribuer à leur agrément se voyaient partout fêtés. Aujourd'hui, les gens se font visite pour des motifs d'affaires ou par devoir de société, mais non plus, comme dans les *mujlis*, pour le seul plaisir de se voir. Ils n'en ont plus le loisir et leurs relations ne sont plus assez intimes. Quelles allées et venues nous observions, de quels joyeux bourdonnements de conversations et de quelles fusées de rires retentissaient les salons et

(1) En bengali, ce mot signifie une réunion familière sans invitation.

les vérandas ! Elle a disparu, cette faculté qu'avaient nos aînés de faire centre au milieu de groupes animés, d'amorcer et de soutenir de plaisantes causeries ! Les gens vont et viennent encore, mais ces mêmes vérandas et ces mêmes salons semblent déserts.

A cette époque, toutes choses, depuis l'ameublement jusqu'aux programmes des festivités, étaient destinées au plaisir du grand nombre ; ce qu'il pouvait s'y trouver de magnificence ou de pompe ne faisait jamais l'impression d'une recherche orgueilleuse ni hautaine. Les accessoires ont beaucoup augmenté en nombre depuis, mais ils sont devenus froids et ignorent aujourd'hui l'art de mettre également à l'aise grands et petits, éminents et modestes. Les gens pauvrement vêtus ne sont plus admis à y prendre part librement, pour l'amour de leurs aimables visages. Les gens que nous essayons d'imiter dans la construction et l'aménagement de nos demeures ont leur propre genre de sociabilité et d'hospitalité. Mais le malheur, c'est que nous avons oublié les usages qui étaient les nôtres sans avoir pu en créer de nouveaux sur le modèle d'Europe et que, par suite, nos maisons ont perdu leur joie. Nous nous réunissons encore pour des buts de politique ou d'affaires, mais plus pour le plaisir de nous rencontrer. Nous ne nous ingénions plus à créer des occasions pour inviter les gens, simplement parce que nous les aimons. Je ne puis imaginer rien de plus laid que cette sociabilité mesquine, et quand, regardant en arrière, je reconnais ceux qui, par leur gaîté cordiale, nous allégeaient jadis le tracas des soucis quotidiens, je crois voir des revenants d'un autre monde.

19. — Camaraderies littéraires.

Je possédais à cette époque un ami qui fut d'un secours inestimable à mes progrès littéraires. Akshay Chowdury, naguère camarade de classe de mon quatrième frère, avait obtenu le grade de Maître-ès-arts en littérature anglaise, branche d'études à laquelle il vouait autant d'amour qu'il y avait acquis d'érudition. Il chérissait au même degré, d'autre part, nos vieux écrivains du Bengale et les poètes Vaishnava, et connaissait des centaines de chants bengalis d'auteurs ignorés, qu'il entonnait à voix haute, indifférent à la mélodie, à l'effet produit et même à des marques de désapprobation indubitable. Rien ne pouvait l'empêcher de battre à grand bruit la mesure à sa propre musique, en frappant énergiquement de ses doigts déliés la table ou le livre le plus proche, peut-être pour stimuler une appréciation plus vive dans l'auditoire.

Il était doué d'une capacité sans bornes pour tirer de la joie de tout ce qui se présentait, absorbant chaque parcelle de plaisir avec autant d'avidité qu'il mettait ensuite d'enthousiasme à la célébrer. Avec un brio extraordinaire, il improvisait des vers lyriques et des productions musicales non dépourvues de mérite, mais auxquelles il n'attachait pas le moindre amour-propre d'auteur, ne se souciant pas même de ce que devenaient les monceaux de feuilles de papier où il les avait griffonnées au crayon. Ses talents lui semblaient indifférents autant qu'ils étaient prolifiques. Une de ses œuvres plus importante fut cependant fort appréciée lorsqu'elle parut dans le *Bangadarsan*, mais j'ai entendu moi-même ses chants répétés par nombre de gens qui n'en connaissaient pas la provenance.

Un sincère enthousiasme pour la littérature est chose bien plus rare que l'érudition. C'était là, chez Akshay Babu, ce qui stimulait au plus haut degré mes propres facultés d'appréciation. De son amitié il n'était pas moins généreux que de ses critiques littéraires, et, tandis que parmi des étrangers, il ressemblait à un poisson hors de l'eau, au milieu d'amis, il ignorait les différences d'âge et de maturité d'esprit, tant et si bien qu'avec nous gamins, il était gamin. Tard dans la soirée, quand il se retirait du *mujlis* de mes frères aînés, je le captais au passage et l'entraînais dans notre salle d'étude. Là, assis sur la table, il déployait son plus génial enjouement pour se faire l'âme de notre petit cercle. Que de fois je l'ai entendu là commenter avec ravissement quelque œuvre poétique anglaise, s'engager dans d'ardentes controverses ou se livrer à de brillantes dissertations. D'autres fois, je lui lisais mes propres vers, et j'étais abondamment récompensé par ses généreux éloges.

Un autre agent de première importance pour mon éducation émotionnelle et littéraire fut mon quatrième frère, Jyotirindra. Enthousiaste lui-même, il aimait à cultiver l'enthousiasme chez autrui. Il ne souffrit pas que la distance de nos âges fût jamais en obstacle à nos rapports d'affection et de pensée. Le privilège de liberté qu'il m'accordait ainsi, nul autre ne me l'eût consenti, plusieurs même le blâmaient de s'y prêter. Grâce à ces relations d'amitié, il me fut possible de secouer vis à vis de lui la réserve d'une sensibilité ombrageuse, et cela me fut aussi salutaire, après la répression rigoureuse subie dans mon enfance, que les nuées du mousson le sont à la terre après un été desséchant. Si je n'avais pu me dégourdir ainsi les jointures, j'aurais pu rester ankilosé toute ma vie.

Ceux qui détiennent l'autorité ne cessent d'alléguer les abus auxquels la liberté peut conduire comme une raison suffisante pour la refuser. Mais sans cette possibilité d'abus, la liberté elle-même ne serait pas libre. Le seul moyen d'apprendre à user d'une chose comme il convient, c'est d'en mésuser. Pour ce qui me concerne, je puis affirmer que tous les petits malheurs qui résultèrent de la liberté m'amenèrent à trouver le moyen de les réparer. Je n'assimilai jamais ce qu'on voulut m'imposer de force en me tirant les oreilles, au propre ni au figuré, et je ne récoltai que du chagrin tant qu'on ne me laissa pas sans contrainte.

Mon frère Jyotirindra me permit de suivre librement ma propre voie vers la connaissance de moi-même ; cela permit à ma nature de se préparer à produire ses épines, mais aussi ses fleurs. Cette expérience m'apprit à redouter moins le mal que des efforts tyranniques pour faire le bien. J'ai une horreur salutaire pour la police correctionnelle, politique ou morale. L'état d'asservissement qu'elle engendre est une des pires formes de cancer dont l'humanité puisse souffrir.

En ce temps-là, mon frère passait des journées

entières à son piano, absorbé dans la composition de nouveaux chants. Des torrents de mélodies surgissaient sous ses doigts, pendant qu'Akshay et moi, assis à ses côtés, nous hâtions d'adapter des paroles à la musique, à mesure qu'elle prenait forme, pour la fixer dans notre mémoire (1).

Tel fut mon apprentissage de compositeur de chants. Pendant que nous approchions de l'adolescence, on fit beaucoup de musique dans notre famille. L'avantage que j'y trouvai fut de l'apprendre sans effort, d'en imbiber, pour ainsi dire, tout mon être, Mais le désavantage fut que je n'acquis pas la maîtrise technique, fruit d'une étude graduée et suivie. Aussi ne devins-je, à aucun degré, ce qu'on appelle un virtuose.

Depuis mon retour de l'Himalaya, tout contribuait à m'émanciper de plus en plus. La tyrannie des domestiques avait pris fin. Je m'ingéniais de mille manières à relâcher les chaînes de l'école ; et nos précepteurs, à la maison, n'avaient que peu d'emprise sur moi. Gyan Babu, après m'avoir piloté assez erratiquement au travers de *La naissance du dieu de la guerre* et d'un ou deux autres ouvrages. nous quitta pour se vouer à la carrière de juriste. Braja Babu, qui lui succéda, me proposa dès le premier jour de traduire *Le Vicaire de Wakefield*. Constatant que ce livre ne me déplaisait pas, il se crut encouragé à faire des plans pour l'accroissement de

(1) La notation musicale n'était pas alors usitée au Bengale. L'un des systèmes de notation les plus généralement employés aujourd'hui fut inventé plus tard par le frère dont l'auteur fait ici mention

mes connaissances. Mais dès que je m'en aperçus, je m'esquivai et me tins à distance.

Mes aînés, je l'ai dit, n'attendaient plus rien de moi. Ni eux, ni moi-même, ne prenions plus aucun souci de mon avenir. Je pouvais donc me vouer en toute liberté à noircir les pages de mon cahier manuscrit. Les productions qui s'y alignèrent furent telles que l'on pouvait s'y attendre. Mon esprit ne contenait que de la vapeur surchauffée. Des bulles pleines de cette vapeur y tournoyaient en un vortex fantasmagorique, sans but ni signification. Les bulles se gonflaient, crevaient, et se dissolvaient en écume. Le peu de matière qui pouvait s'y trouver ne m'appartenait pas, il était emprunté à d'autres; seules l'inquiétude et la tension bouillonnante provenaient de mon propre fond. Or quand le mouvement se déclenche parmi des forces non équilibrées, le résultat, c'est le chaos.

Ma belle-sœur (1) était fort éprise de littérature. Elle ne lisait pas pour tuer le temps ; les ouvrages bengalis qu'elle apprenait à connaître remplissaient son esprit. Je m'associais à ses entreprises littéraires. Elle avait voué au *Voyage de Rêve* une admiration profonde. La mienne ne l'était pas moins. Ayant grandi dans l'atmosphère où cet ouvrage avait pris naissance, les fibres de mon cœur s'étaient comme enveloppées de ses beautés. Par bonheur, cette œuvre poétique dépassait si complètement mes pouvoirs d'imitation que je ne conçus jamais l'idée d'essayer quelque chose de semblable.

(1) La jeune épouse du quatrième frère mentionné plus haut.

On pourrait comparer le *Voyage de Rêve* à un édifice allégorique, plein de salles innombrables, de vestibules, d'antichambres ornées de sculptures et de peintures aussi nobles de conception que parfaites d'exécution technique. Tout alentour, des jardins à profusion, des charmilles, des fontaines, des ombrages. Non seulement la pensée poétique et l'imagination s'y déploient, mais la richesse et la diversité du langage y tiennent du merveilleux. La faculté créatrice d'une œuvre aussi achevée jusque dans ses moindres détails est, en vérité, prodigieuse. J'en étais si pénétré que l'idée de l'imiter ne pouvait m'aborder.

La revue *Arya Darsan* publiait alors une série de poèmes de Viharilal Chakravarti, intitulés : *Sarada Mangal*, dont ma belle-sœur subissait au plus haut degré le charme. Elle en avait appris par cœur un grand nombre, et souvent elle invitait chez nous leur auteur, auquel elle avait fait cadeau d'un siège à coussins, brodé de sa propre main. C'est ainsi que j'eus l'occasion de me lier avec ce poète, qui m'honora de beaucoup d'affection. Je me mis à fréquenter sa maison à toute heure, le matin, à midi, le soir. Son cœur était aussi grand que sa stature était haute ; il paraissait entouré d'une auréole poétique, comme d'un corps astral, reflétant sa véritable image. Toujours il rayonnait de joie créatrice et chaque fois que j'allais le voir, j'en recevais quelque chose. Je le surprenais dans sa petite chambre au troisième étage, étendu tout de son long, pendant la forte chaleur du milieu du jour, sur le sol de ciment poli, et occupé à écrire ses poèmes.

Il m'accueillait, moi gamin, avec une bienvenue si cordiale que je l'approchais sans la moindre timidité. Dans l'extase de l'inspiration et oublieux de l'entourage, il me lisait alors ses vers ou me chantait ses chants, d'une voix non pas très exercée, mais qui rendait assez bien le caractère de la mélodie. Lorsque, les yeux clos, il élevait cette voix vibrante et profonde, l'expression de son chant suppléait à l'art qui manquait à l'exécution. Il me semble encore l'entendre chanter ainsi. D'autres fois je lui chantais des mélodies que j'avais composées pour ses poèmes.

Il était grand admirateur de Valmiki Kalidas. Après avoir récité à haute voix l'une de ses descriptions de l'Himalaya, il me dit un jour : Observe cette succession sonore de la même voyelle prolongée : a, a, a ; elle n'est point fortuite. Le poète a répété ce son à dessein tout le long du passage, depuis Devatatma jusqu'à Naghadiraja, afin d'évoquer chez le lecteur l'impression des espaces immenses de l'Himalaya.

Mon ambition la plus haute était alors de devenir un poète comparable à Vihari Babu. Et je serais peut-être parvenu à croire que j'écrivais comme lui, si ma belle-sœur, son admiratrice fervente, n'avait pris à tâche de me désabuser en me répétant sans cesse un dicton sanscrit : « Celui qui aspire indignement à la gloire poétique devra prendre la fuite poursuivi par les quolibets. » Dans l'appréhension que la vanité ne prît sur moi la haute main, elle ne dispensait que très rarement des éloges à mes dons poétiques, tandis qu'elle ne manquait aucune occasion de louer quelqu'un d'autre à mes dépens. Aussi fus-je bientôt convaincu des sérieuses défectuosités de ma voix, et des doutes m'assaillirent quant à mes aptitudes poétiques. Néanmoins, la poésie étant désormais le seul domaine où je pouvais conserver quelque estime de moi-même, il m'était impossible de m'en laisser bannir par l'opinion de qui que ce fût. Et du reste, mon impulsion intérieure était telle que rien au monde n'aurait pu m'arrêter dans mes tentatives.

20. — **Je publie...**

Mes écrits étaient restés jusqu'alors confinés dans le cercle de famille. Mais à ce moment surgit une revue mensuelle, qui s'intitula *Gyanankur* (Le Savoir en bourgeon) et, comme pour justifier ce titre, cette revue sollicita le concours d'un embryon de poète ; elle se mit à publier sans distinction toutes mes élucubrations, si bien qu'aujourd'hui encore, dans un coin de mon esprit, se cache une appréhension : Qu'arriverait-il si, au jour du jugement, un agent de police littéraire entreprenait une enquête dans le zenana des publications oubliées et s'il s'avisait d'étaler ces productions sous les yeux impitoyables du public ?

Mon premier écrit en prose vit aussi le jour dans les feuillets du *Gyanankur*. C'était une critique littéraire, et elle a une petite histoire.

Un recueil de poèmes venait de paraître, intitulé : *Bhubanmohini Pratibha* (Le génie de Bhubanmohini). Akshay Babu, dans le *Sadharani* et Bhudab

Babu dans la *Gazette de l'Education* saluèrent avec effusion l'apparition du nouveau poète. En même temps, un ami plus âgé que moi me montrait des lettres à lui adressées, et signées Bhubanmohini. Il était, lui aussi, sous le charme du livre et souvent il envoyait à l'auteur, que l'on disait être une femme, des offrandes respectueuses de livres ou d'étoffes(1).

Cependant quelques-uns de ces poèmes manquaient à tel point de retenue, soit dans la pensée, soit dans l'expression, que je ne pouvais supporter de croire que leur auteur fût une femme. Les lettres qui m'étaient communiquées me rendaient cette idée encore plus intolérable. Mes doutes, néanmoins, ne troublèrent en rien le culte que mon ami rendait à son idole.

Alors je pris mon élan et me mis à faire la critique du nouvel écrivain. Je m'enhardis, sans vergogne, à signaler, avec une prétendue érudition, les traits qui distinguent la poésie lyrique d'autres genres de compositions poétiques, en me prévalant du fait que sous des pages imprimées se dissimule souvent fort bien la mesure véritable du savoir d'un auteur.

Fort en colère, mon ami apparut bientôt et, dans son indignation, il m'annonça qu'un B. A. (Bachelier ès arts) allait publier une réplique. Un B. A... ! Je restai muet. L'émoi me saisit comme jadis, quand Satya m'avait annoncé un gendarme. Déjà je voyais en imagination l'édifice de mes distinctions subtiles

(1) Il est conforme à l'usage d'offrir des étoffes pour être portées comme vêtements, en guise de marques d'affection ou d'hommage.

s'effondrer sous l'assaut de citations irréfutables, et la porte, par laquelle je pouvais encore me présenter au public, fermée à jamais devant moi.

Hélas, ma pauvre critique, sous quelle étoile néfaste ne t'avais-je pas mise au monde ! Jour après jour s'écoula dans les transes d'une expectation anxieuse. Mais, tout comme le gendarme de Satya, le B. A. ne se montra jamais.

21. — Bhanu Singha.

J'étudiais alors avec ardeur les œuvres de nos anciens poètes Vaishnava, rassemblées et publiées en séries par Akshay Sarkar et Saroda Mitter. Je ne les comprenais qu'à grand'peine, car ces écrivains s'expriment en une langue mélangée de nombreux termes Maithilis. La difficulté ne faisait qu'aiguillonner mon zèle et devant ces poèmes, j'étais pris de curiosité intense, comme devant l'embryon blotti au centre d'un grain de semence avant sa germination, ou comme à l'idée des secrets que nous cache l'écorce terrestre. Tandis que je m'enfonçais de plus en plus dans l'obscurité de ces trésors, l'espoir d'y découvrir quelque joyau poétique encore ignoré soutenait mon enthousiasme.

Comme je m'acharnais à ce travail, il me vint à l'idée d'envelopper aussi mes écrits d'un vêtement mystérieux. Akshay Chowdury m'avait parlé du poète anglais Chatterton, jeune garçon comme moi. Ses œuvres m'étaient inconnues, et mon précepteur les ignorait sans doute aussi : les eussions-nous connues, l'histoire de leur auteur eût peut-être perdu son prestige. Mais c'était l'élément de mélodrame contenu dans le récit qui me captivait. Chatterton, me disait-on, avait imité les classiques à un point de perfection tel que nombre de lecteurs en avaient été dupes. Le malheureux garçon, en fin de compte, avait mis fin à ses jours. Laissant de côté ce suicide, je résolus de faire concurrence à ses exploits.

Un jour que des nuages épais tamisaient agréablement l'ardeur de midi, étendu sur mon lit pour la sieste, je me mis à écrire sur une ardoise une imitation de poème en Maithili. Enchanté de mon chef-d'œuvre, je m'empressai de le lire au premier venu qui se trouva sur mon chemin. Celui-ci, qui ne courait aucun risque d'en comprendre un mot, ne put, en conséquence, qu'approuver gravement de la tête, en disant : « Bien, très bien. »

Cependant à l'ami dont j'ai fait mention plus haut, je dis un beau jour : on vient de découvrir, en fouillant dans la bibliothèque de l'Adi-Brahmo-Samaj, un vieux manuscrit déchiré dont j'ai transcrit quelques vers. L'auteur est un ancien poète Vaishnava nomme Bhanu Singha (1).

Sur ce, je lui fis la lecture de quelques-unes de mes imitations. Il en fut profondément impressionné. « Ces vers, s'écria-t-il dans son enthousiasme, n'auraient pas pu être écrits par Vidyapati lui-même, ni par Chandidas ! Il faut absolument me donner

(1) Les poètes Vaishnava avaient coutume d'introduire dans la dernière strophe de leurs poèmes leur nom, en guise de signature. Les mots Bhanu et Rabi signifient tous les deux : soleil.

ce manuscrit pour Akshay Babu, qui le publiera. » Alors, ouvrant mon cahier, je lui montrai de façon concluante qu'en effet, ces poèmes ne pouvaient avoir eu pour auteur ni Vidyapati, ni Chandidas, puisque leur auteur, c'était moi. Mon ami, décontenancé, grommela : « Bon, bon, ce n'est pas trop mal ! »

Quand ces poèmes de Bhanu Singha parurent dans le *Bharati*, le Dr Nishikanta Chatterjee séjournait en Allemagne et y préparait une thèse sur la poésie lyrique de l'Inde comparée à celle de l'Europe. Dans ce travail, une place d'honneur fut faite à Bhanu Singha, comme à l'un de ces anciens poètes qu'aucun écrivain moderne ne peut se flatter d'égaler. Et ce fut cette thèse qui valut à Nishikanta Chatterjee le grade de Dr Phil.

Cependant, je le jure, si les écrits de Bhanu Singha m'étaient tombés entre les mains à l'âge d'homme, je ne m'y serais pas mépris. La langue aurait pu me tromper peut-être, car nos anciens poètes n'écrivaient pas dans leur idiome maternel ; ils usaient d'un langage artificiel, qui diffère d'un auteur à l'autre. Mais les sentiments de ces écrivains n'avaient rien d'artificiel. Si l'on s'était avisé de la juger par le son qu'elle rendait, la poésie de Bhanu Singha aurait révélé le métal vulgaire dont elle était faite, car au lieu du timbre charmant de nos antiques pipeaux, il n'en sortait que le tintement éraillé d'un orgue de Barbarie.

22. — **Patriotisme.**

A la voir du dehors, notre famille pouvait paraître avoir adopté plus d'une coutume étrangère, mais en son cœur brûlait une flamme de fierté nationale qui n'a jamais vacillé. Le respect sincère que mon père portait à son pays ne l'abandonna jamais au travers des vicissitudes révolutionnaires de sa vie. Chez ses descendants, ce sentiment prit la forme d'un patriotisme fervent. Cependant l'amour du pays n'était point à la mode, au moment dont je parle. Nos hommes instruits se montraient indifférents à la langue et aux idées de la terre natale. Mes frères aînés, au contraire, avaient toujours cultivé la littérature du Bengale ; quant à sa langue, voici un exemple de l'honneur en lequel nous la tenions : un nouveau cousin, apparenté par alliance à notre famille, ayant écrit à mon père une lettre en anglais, celui-ci lui renvoya aussitôt sa lettre.

La fête du *Mela Hindou* était une solennité annuelle, que notre famille avait contribué à instituer. Le Babu Nabagopal Mitter en était l'organisateur. C'était peut-être le premier essai de manifestation destinée à célébrer l'Inde comme notre terre natale. L'hymne national bien connu « Bharater Jaya » fut composé pour cette occasion par mon second frère. Des chants à la gloire de la patrie, des récitations de poèmes patriotiques, des expositions d'arts et de métiers indigènes et des encouragements donnés aux talents et aux distinctions nationales figuraient au programme de ces fêtes.

A l'occasion du *durbar* de Lord Curzon à Delhi, j'écrivis un article en prose ; puis je composai un poème quand ce fut le tour de Lord Lytton. Le gouvernement britannique craignait alors les Russes, à vrai dire, mais non pas la plume d'un poète de quatorze ans. Aussi, bien que mon poème ne manquât d'aucun des sentiments enflammés propres à mon âge, nul signe de consternation ne se fit voir dans les rangs des autorités, du commandant en chef jusqu'au commissaire de police. Et aucune lettre larmoyante n'annonça, dans le *Times*, la ruine prochaine de l'empire par suite de cette indulgence de ses représentants. Je récitai mon poème sous un arbre à la fête nationale. L'un de mes auditeurs était Nabin Sen, le poète. Il me le rappela plus tard, quand je fus devenu un homme.

Jyotirindra, mon quatrième frère, prit alors l'initiative de fonder une association politique, dont le vieux Raynarain Bose fut le président. Ses assemblées, enveloppées de mystère, se tenaient dans un bâtiment à moitié croulant, au fond d'une rue écartée de Calcutta. Ce caractère clandestin n'avait d'autre but que de nous impressionner, car en fait, rien ne s'y complotait qui pût émouvoir le gouvernement ni le peuple. Le reste de notre famille ignorait complètement où nous passions nos après-midi. La porte d'entrée du local était verrouillée, la chambre tenue dans l'obscurité, le mot d'ordre, un *mantra* védique, et nous parlions à voix basse. C'en était assez pour nous procurer une sensation, et nous ne demandions rien de plus. Tout enfant que je fusse encore, j'en étais aussi membre. Nous nous entourions d'une telle atmosphère de ferveur que nous semblions toujours planer dans les airs sur les ailes de notre enthousiasme. De timidité, de crainte ou de doute, nous n'en avions point, notre but étant surtout de nous baigner dans l'intensité de nos propres sentiments.

La bravoure n'est pas toujours sans inconvénients, mais elle a partout gardé son prestige sur l'esprit des hommes. Dans tous les pays, la littérature se plaît à la maintenir en honneur. Aussi n'importe où, et quelle que soit la disposition d'esprit d'un groupe de personnes, ses membres ne peuvent échapper à l'entraînement de l'ambiance. Nous y cédions alors et ne savions mieux faire que de nous rassembler pour tenir des discours emphatiques et pour chanter des hymnes fervents. Fermer les issues et barrer les voies à un sentiment inné à la nature humaine, c'est favoriser de malsaines activités. Donner accès aux emplois de buralistes dans le gouvernement impérial des Indes, ce n'est pas suffisant; si aucune soupape n'est ouverte à l'esprit de courageuse aventure, des âmes aspireront à l'émancipation, et se mettront en quête de voies secrètes, de chemins tortueux qui mènent on ne sait où. Si, dans ce temps-là, le gouvernement avait manifesté des craintes soupçonneuses, je crois fermement que la comédie inaugurée par les jeunes membres de cette association aurait pu tourner au tragique. Mais le spectacle a pris fin, pas une brique du Fort William n'en a pâti, et nous sourions aujourd'hui à son souvenir.

Mon frère Jyotirindra se mit alors à songer à

un costume national qui pût être adopté par tous les Hindous. A cet effet, il proposa différents dessins à notre association. Le *Dhoti* étant jugé peu pratique, et les pantalons trop étrangers, il conçut l'idée d'un compromis qui s'éloignait considérablement du *Dhoti* sans beaucoup améliorer le pantalon. A ce dernier était ajoutés deux pans, empruntés au *Dhoti* et qui formaient un pli tombant en avant et en arrière. De la combinaison du turban avec un *sola-topee* (1) résulta une coiffure que le plus enthousiaste de nos membres n'aurait pas osé qualifier d'ornementale. Aucun homme doué d'un courage ordinaire ne se serait hasardé à la porter ; mais mon frère, sans broncher, arbora le costume entier en plein jour et, traversant toute la maison un après-midi, pour monter dans la voiture qui l'attendait à la porte, il brava avec indifférence les regards des parents et des amis, du concierge et du cocher. Plus d'un brave Hindou peut être prêt à mourir pour son pays, mais il en est peu, j'en suis assuré, qui, même pour le bien de la nation, consentissent à se montrer dans les rues dans ce costume.

Tous les dimanches, mon frère organisait, en commun, une partie de *shikar* (2) Il s'y joignait même, sans invitation, des gens qui nous étaient inconnus, un charpentier, un forgeron, d'autres encore de tous rangs et de toutes classes sociales. Il ne manquait à ces expéditions que l'effusion du sang, du moins, je n'ai aucun souvenir d'en avoir vu.

(1) Casque en liège en usage dans les pays chauds.

(2) Terme par lequel on désigne les préliminaires d'une chasse au tigre.

Le reste du programme était si copieux et si satisfaisant que l'absence de morts et de blessés nous semblait un détail sans importance. Nous partions le matin au point du jour, et ma belle-cœur nous munissait d'une ample provision de *luchis* avec les assaisonnements d'usage. Et comme ces approvisionnements ne dépendaient en rien de la fortune de la chasse, nous ne revenions jamais bredouilles. Dans les environs de Maniktola se trouvent bon nombre de villas entourées de jardins. A la fin de nos promenades, nous entrions dans l'un ou l'autre de ces enclos et, nous installant sur le perron de la pièce d'eau destinée aux baigneurs, tous, de naissance infime ou illustre, nous attaquions de concert nos *luchis* jusqu'à ce qu'il n'en restât que les enveloppes. L'un des plus ardents participants à ces *shikaris* non sanglants, c'était Braja Babu, précédemment notre précepteur, et alors directeur d'un Institut métropolitain. Un jour, il lui vint une idée lumineuse : Accostant le *mali* (jardinier) de la villa où nous venions de nous introduire, il l'interrogea : « Hallo, mon oncle est-il venu ici ces jours derniers » ? — Le *mali*, saluant avec un respect empressé, répondit : « Non, Monsieur, notre maître n'est pas venu depuis quelque temps. » « C'est bon, n'importe, cueillez-nous, s'il vous plaît, quelques noix de cocos fraîches sur les arbres. » Et c'est ainsi que, ce jour-là, nos *luchis* furent arrosés d'une délicieuse boisson.

L'un de nos camarades était propriétaire d'une villa au bord du fleuve. Au mépris de toutes les prescriptions de nos castes, nous y fîmes une fois un pique-nique. Un orage formidable éclata dans l'après-midi. Debout sur les degrés de l'escalier conduisant à la rivière, nous chantions à tue-tête pour accompagner la tempête déchaînée. Dans le chant de Rainarain Babu, les notes de la gamme ne se distinguaient pas très bien. Il n'en élevait pas moins vigoureusement la voix, et, comme dans les hymnes sanscrits des temps anciens les paroles se noient dans la musique, dans ses tentatives musicales l'énergie des gestes et les jeux de physionomie noyaient les efforts débiles du chanteur. Il marquait la mesure, en hochant la tête de droite et de gauche, tandis que l'ouragan s'acharnait contre sa longue barbe flottante. Nous revînmes à la maison tard dans la nuit dans un véhicule de louage. La tempête s'était calmée et les étoiles scintillaient. Tout était silencieux dans l'obscurité dense, et des deux côtés de la route déserte, des essaims de mouches phosphorescentes s'élevaient sans bruit et tournoyaient comme en un carnaval d'étincelles.

L'un des buts de notre association était d'encourager la fabrication d'allumettes et d'autres petites industries indigènes. Chaque membre y contribuait en payant la dîme de son revenu. Il s'agissait donc de faire des allumettes, mais se procurer du bois était malaisé. Nous savons avec quelque ardeur enflammée des mains expertes peuvent brandir un paquet de *khangras* (1) mais ce qui brûle à son contact, ce n'est pas une mèche de lampe.

(1) *Khangras* : des feuilles de cocotier desséchées, on décortique la veine centrale, dont on fait un assez long bâton pointu, de l'épaisseur d'une allumette ordinaire. C'est avec un fais-

Enfin, après bien des péripéties, nous parvînmes à fabriquer une boîte d'allumettes, marchandise précieuse non seulement comme témoignage de patriotisme, mais encore parce que l'argent dépensé pour la produire aurait suffi à entretenir le feu d'une famille pendant une année. Nos allumettes avaient un petit défaut, cependant : pour flamber, il leur fallait le contact d'une lumière allumée. Que n'avaient-elles hérité quelque peu de la flamme patriotique à laquelle elles devaient le jour ! Elles seraient encore sur le marché à l'heure qu'il est.

Il vint alors à notre connaissance qu'un étudiant avait essayé de construire un métier de tisserand. Nous nous mîmes aussitôt en marche pour l'aller voir. Aucun de nous ne possédait les notions techniques par lesquelles on aurait pu juger de son excellence, mais pour la capacité de croire et d'espérer, nous étions sans égaux. Le pauvre garçon s'était endetté quelque peu pour construire sa machine ; nous lui remboursâmes ses frais et, un beau jour, apparut chez nous Braja Babu, la tête enveloppée d'un mince torchon de tissu indigène. « Fabriqué sur notre métier ! » cria-t-il en levant les deux bras en l'air, pour exécuter une danse guerrière. Et cependant Braja Babu, par le dehors de sa tête, montrait déjà des signes grisonnants de mâturité.

Peu après, quelques nouveaux membres, rompus aux choses de ce monde, se joignirent à notre asso-

ceau de ces bâtonnets que l'on fabrique, au Bengale, les balais de ménage, qui, dit-on, dans des mains exercées, peuvent tenir en ordre toute la maison, y compris le mari. Allusion est faite ici à l'impression causée par ce balai sur un dos nu.

ciation. Ils nous firent goûter du fruit de la connaissance et mirent fin à notre petit paradis.

Quand je fis la connaissance de Rajnarain Babu, j'étais trop jeune pour apprécier la multiplicité de ses mérites. Cet homme était un composé de contrastes. En dépit de sa barbe et de ses cheveux gris, il était aussi juvénile que le plus jeune d'entre nous. Son extérieur vénérable ne lui servait, semblait-il, que comme un manteau blanc pour conserver sa jeunesse en état de fraîcheur permanente. Son érudition même, qui était grande, n'avait pu lui porter aucun préjudice, car elle le laissait absolument simple. Jusqu'à la fin de sa vie, le flot constant de son rire jovial ne fut arrêté ni par la gravité de l'âge, ni par la maladie, les chagrins domestiques, les pensées profondes ni tous les genres de savoir qu'il possédait en abondance.

Il avait été l'un des élèves de prédilection de Richardson et avait grandi dans l'atmosphère des milieux scientifiques d'Angleterre. Cela ne l'empêcha pas de se défaire de toutes ses habitudes de jeunesse pour se consacrer avec amour et dévouement à la littérature du Bengale. Le plus doux des hommes, il était plein, cependant, d'un feu qui se consumait en patriotisme intense, comme s'il avait voulu réduire en cendres toutes les imperfections et les dénûments de son pays. Le souvenir de ce saint homme au doux sourire illuminé de ferveur, juvénile jusqu'au bout de sa vie, est digne assurément d'être chéri par tous nos compatriotes.

23. — Le « Bharati ».

L'époque dont je parle ici fut, dans son ensemble, un temps d'excitation singulière. Je passais quelquefois des nuits sans sommeil pour le seul plaisir de me comporter autrement qu'il n'est d'usage. Je restais alors tout seul, à lire, dans notre salle d'étude faiblement éclairée. L'horloge d'une église éloignée frappait les quarts d'heure, comme si ces heures nocturnes étaient chacune mise à l'encan. De temps à autre, on entendait les bruyants *Haribols* (1) des hommes qui transportaient les morts au crématoire de Nimtollah en suivant la route de Chitpore. En été, pendant les nuits de lune, je rôdais comme un fantôme parmi les clartés et les ombres des caissons et des pots de fleurs disposés en jardin sur le toit. Si l'on ne voyait là qu'une excentricité poétique, on serait dans l'erreur. Notre terre elle-même, bien qu'elle ait pris de l'âge, se départit quelquefois, à notre surprise, de la stabilité de ses habitudes, et dans sa jeunesse, quand le sol n'était pas encore durci en croûte, elle était volcanique à plaisir et se livrait fréquemment à des frasques désordonnées. Il n'en va pas autrement pour l'homme dans sa jeunesse. Tant que les matériaux dont sera faite sa vie, n'ont pas pris leur forme définitive, des crises de turbulence accompagnent certaines phases de son développement.

Ce fut alors que mon frère Jyotirindra résolut de fonder le *Bharati*, avec notre frère aîné comme rédac-

(1) Prières adressées à Krishna par les porteurs des morts.

teur en chef. L'entreprise apporta de nouveaux aliments à notre enthousiasme. On me nomma membre de la rédaction, bien que je n'eusse que seize ans tout juste. Peu auparavant, dans l'insolence de ma vanité juvénile, je m'étais permis d'écrire une critique du *Meganabadha*. C'est par son acidité qu'on distingue le fruit de mango mal mûr ; pareillement, l'impertinence est la qualité caractéristique des critiques intempestives d'un blanc-bec. A défaut d'autres pouvoirs, celui de piquer s'aiguise. J'avais donc pensé me rendre immortel en infligeant mes égratignures à cette immortelle épopée. Ce fut par cette impudence que débuta ma contribution au *Bharati*.

Je publiai en outre, dans le premier fascicule, un long poème que j'intitulai : *Kavikahini* (l'histoire d'un poète). C'était un produit de l'âge où l'écrivain n'a encore rien aperçu du monde, si ce n'est l'image agrandie de son propre moi nuageux. Naturellement le héros du poème, c'était son auteur, non pas tel qu'il existait véritablement, mais tel qu'il se flattait et qu'il souhaitait de paraître. On ne pourrait honnêtement dire qu'il désirât *être* semblable au personnage qu'il décrivait, non, le portrait représentait ce qu'il se figurait qu'on attendait de lui, ce qui ferait dire au lecteur, avec un hochement de tête admiratif : « C'est cela, voilà bien un poète, un type du genre. » On y voyait se pavaner l'amour universel, ce sujet favori des poètes en herbe, aussi grandiose d'effet que facile à exprimer en phrases. Lorsque aucune vérité n'a encore lui dans un esprit et que les paroles d'autrui sont les seuls matériaux dont il dispose, il lui est impossible d'être simple ou de savoir se contenir. L'effort pour développer magnifiquement ce qui est déjà grand par soi-même ne peut aboutir qu'à des résultats grotesques et ridicules.

Quand je rougis de relire ces effusions de mon adolescence, il me vient à l'esprit une appréhension que mes écrits ultérieurs ne recèlent, eux aussi, sous une forme peut-être moins apparente, la même déformation provenant d'une recherche indue de l'effet. Ma voix trop bruyante, sans doute, couvre parfois encore le son des choses que j'aurais à dire et un jour ou l'autre, le temps me le fera découvrir.

Le *Kavikahini* fut le premier de mes écrits qui parut sous forme de livre. Quand j'allai avec mon deuxième frère à Ahmedabad, un ami enthousiaste me fit la surprise de le publier et de m'en adresser un exemplaire. Je ne puis prétendre, certes, qu'il fût bien inspiré, mais à coup sûr l'impression que me fit cette surprise ne ressemblait pas à l'indignation d'un juge. L'initiative n'en fut pas moins châtiée, sinon par l'auteur du livre, du moins par le public détenteur des cordons de la bourse. J'ai entendu dire que le poids mort de tous ces volumes pesa lourdement, pendant de longs jours, sur les rayons des libraires et dans l'esprit du malchanceux éditeur.

Des œuvres composées à l'âge où je commençai à contribuer au *Bharati* ne peuvent en aucun cas mériter d'être publiées. Rien n'est certain comme les regrets d'un homme mûr de s'être trop hâté de se faire imprimer. Il y a cependant un bon côté à cette bévue, c'est que le désir irrésistible de se voir transcrit en caractères d'imprimerie s'épuise alors de bonne heure. Qui sont les lecteurs de l'ouvrage ? Qu'en disent-ils ? Quelles fautes d'impression ont échappé à la vigilance du correcteur ? ces soucis et d'autres semblables se dissipent alors en suivant leurs cours comme les maladies de l'enfance et laissent ensuite à l'auteur le loisir de vaquer à son œuvre littéraire dans un état d'esprit plus normal.

La littérature bengalaise est trop jeune encore pour avoir élaboré une discipline qui s'impose à ses néophytes. C'est en lui-même qu'un écrivain bengalais doit trouver la force de se contenir. Aussi produit-il infailliblement, pendant un temps assez long, bon nombre de nullités. Il est obsédé d'abord par l'ambition de faire merveille avec les dons modestes qui lui sont accordés, et par suite on discerne toujours chez les débutants un effort pour surpasser les bornes de leurs pouvoirs naturels, ce qui revient à transgresser celles du vrai et du beau. Se découvrir soi-même tel que l'on est, respecter ses propres capacités telles qu'elles sont, c'est à quoi l'on ne parvient qu'à la longue.

Quoi qu'il en soit, j'ai noirci les pages du *Bharati* de beaucoup de sottises puériles, dont je dois avoir honte. Ce qui m'humilie, ce n'est pas tant l'imperfection littéraire de ces productions que leur impudence détestable, leur extravagance et leur pathos artificiel. Néanmoins, je peux bien reconnaître que mes écrits de cette période étaient animés d'un enthousiasme qui avait son prix. L'erreur était de saison à cet âge, mais en même temps la faculté d'espérer, de croire, de se réjouir. Et si le combustible de mainte erreur était nécessaire pour alimenter le feu de l'enthousiasme, une fois consumées les choses qui méritaient de l'être, le bon effet de la flamme n'aura pas été perdu pour moi.

24. — Ahmedabad.

Quand le *Bharati* entra dans sa deuxième année d'existence, mon second frère proposa de m'emmener en Angleterre, et mon père ayant donné son consentement, cette faveur non sollicitée de la Providence me fut octroyée à l'improviste. Comme première étape du voyage, j'accompagnai mon frère à Ahmedabad où il exerçait les fonctions de juge. Ma belle-sœur était alors en Angleterre avec ses enfants, et la maison, en conséquence, était vide.

La résidence du juge est un palais des anciens Badshahs (1), qui porte le nom de Shedibagh. Au pied du mur d'une large terrasse coule, d'un des côtés de son lit de sable, le filet d'eau de la rivière Savarinati, aminci en été. Mon frère se rendant régulièrement à son tribunal, j'étais laissé à moi-même dans ce grand palais où les roucoulements des pigeons rompaient seuls le silence au milieu du jour. Une curiosité étrange me portait à errer dans toutes ces vastes pièces désertes.

Mon frère avait placé ses livres dans une niche du mur d'une chambre spacieuse. Il se trouvait là une édition luxueuse des œuvres de Tennyson, imprimée en gros caractères et ornée de nombreuses gravures. Pour moi, ce livre était aussi muet que le palais et je le parcourais, d'une gravure à l'autre, avec la même

(1) Nom donné aux sièges du gouvernement des anciens Mongols.

curiosité. Je n'étais pas incapable d'en deviner plus ou moins le texte, mais ces poèmes me faisaient l'impression de roucoulements inarticulés plutôt que d'expressions verbales. Je trouvai aussi un recueil de poèmes sanscrits édité par le Dr Haberlin et sorti des anciennes presses de Serampore. Cet ouvrage dépassait aussi ma compréhension, mais les vocables sonores du sanscrit et leur rythme métrique me mettaient en marche, tout le long des poèmes de l'Amaru Shataka, comme le son moelleux d'un tambour.

Ma cellule d'hermite était la chambre haute du palais. J'y vivais dans la seule compagnie d'un nid de guêpes, et j'y dormais seul dans la totale obscurité des nuits. Quelquefois une ou deux guêpes tombaient du nid sur mon lit et si, par hasard, il m'arrivait d'en écraser une en me retournant dans mon sommeil, la rencontre était désagréable à la guêpe et vivement déplaisante pour moi. L'un de mes caprices était de marcher dans les nuits de clair de lune tout autour de la vaste terrasse d'où l'on voit la rivière. Ce faisant, je me mis une fois à composer des mélodies pour mes chants. L'un des premiers mis ainsi en musique par moi-même fut le chant qui s'adresse à la *Jeune fille des roses* et qui se trouve encore au nombre de mes œuvres publiées.

M'apercevant que ma connaissance de l'anglais laissait beaucoup à désirer, je me mis à lire quelques livres en cette langue, à l'aide d'un dictionnaire. Dès mon jeune âge, j'avais eu coutume de ne pas me laisser arrêter en lisant par une compréhension imparfaite, mais de me contenter de l'édifice érigé par mon imagination au moyen des passages compris ci et là. Je récolte aujourd'hui encore les bons et les mauvais effets de cette habitude.

25. — L'Angleterre.

Nous partîmes pour l'Angleterre au bout de six mois de séjour à Ahmedabad. Dans un moment de malchance, je commençai à écrire des récits de voyage à mes parents et au *Bharati*. Il est trop tard pour les retenir à présent. Ce n'étaient que des témoignages de présomption juvénile. A cet âge, l'esprit se refuse à reconnaître que son plus grand honneur réside dans la faculté de comprendre, d'accepter, de respecter, et que la modestie est le moyen d'élection pour élargir son domaine. Admirer ou louer aurait paru être des signes de faiblesse ou de capitulation et le désir de démolir, de fustiger par la critique ou le blâme, faisait partir des espèces de fusées intellectuelles. Je pourrais m'amuser aujourd'hui de ces efforts pour établir ma supériorité par le dénigrement, n'était leur manque de droiture et de simple courtoisie, qui me sont pénibles.

J'avais été privé depuis mes plus jeunes années de tout rapport avec le monde extérieur. Le brusque plongeon, à dix-sept ans et dans cet état d'esprit, dans l'océan social de Londres aurait pu inspirer de graves appréhensions pour mes facultés de résistance, mais grâce à la présence de ma belle-sœur avec ses enfants à Brighton, ce fut sous son égide que j'en subis le premier choc.

L'hiver était proche. Comme nous causions, un

soir, auprès du feu, les enfants entrèrent en courant, fort excités, pour nous annoncer qu'il avait neigé. Nous sortîmes aussitôt. Le froid était mordant, les airs pleins du clair de lune et la terre couverte de neige blanche. Ce n'était pas le visage usuel de la Nature, mais un spectacle tout différent, pareil à un rêve. Tout ce qui était proche paraissait s'être éloigné ; il ne restait que l'image calme et blanche d'un ascète, plongé dans l'extase d'une contemplation profonde. Jamais révélation de beauté merveilleuse et immense ne m'était apparue aussi soudainement, rien qu'en franchissant le seuil d'une porte.

Mes journées se passaient gaiement, sous la protection amicale de ma belle-sœur et en ébats folâtres avec ses enfants. Ceux-ci se divertissaient à m'entendre prononcer l'anglais, et moi, qui me joignais volontiers à tous leurs autres amusements, je ne pouvais prendre plaisir à celui-là. Comment leur démontrer, par exemple, qu'il n'existe aucun moyen logique de distinguer entre le son de la voyelle *a* dans « warm » et celui de la voyelle *o* dans « worm » ? Je me voyais infliger gratuitement un ridicule qui était dû, en réalité, aux anomalies de l'orthographe anglaise.

Je devins habile à imaginer de nouvelles manières d'occuper les enfants et de les amuser. Ce talent m'a été souvent utile dans la suite et n'a pas cessé de l'être, bien qu'aujourd'hui, je n'aie plus comme alors, des idées à profusion. C'était la première fois que se présentait à moi l'occasion de donner mon cœur à des enfants, et ce don d'amour eut la fraîcheur et l'exubérance d'une première offrande.

Cependant le but de mon voyage n'était pas d'échanger un foyer familial de ce côté de l'eau contre un autre, de l'autre côté. On avait projeté de me faire étudier le droit, pour devenir avocat. En conséquence, un beau jour, je fis mon entrée dans une école publique de Brighton. Le premier mot que m'adressa le directeur après avoir observé mes traits fut : « Quelle tête superbe vous avez ! » Cette exclamation surprenante se grava dans ma mémoire, car à la maison, ma belle-sœur, adonnée avec zèle au dessein, par elle conçu, de tenir en échec ma vanité, m'avait fortement persuadé que mon crâne (1) et mon visage en général étaient d'apparence médiocre, comparés à ceux de beaucoup d'autres.

Le lecteur me donnera, j'espère, un bon point pour la foi implicite que j'avais ajoutée à ce verdict, déplorant à part moi cette parcimonie du Créateur envers ma personne. Plus tard, quand je me vis l'objet, de la part de mes amis anglais, d'appréciations différentes de celle de ma belle-sœur, je me creusai vainement la tête pour m'expliquer cette divergence de goûts entre les deux pays.

Une chose me surprenait à l'école de Brighton : les élèves n'étaient point du tout impolis à mon égard, au contraire, ils glissaient souvent des oranges ou des pommes dans mes poches en se hâtant ensuite de s'esquiver. Je ne puis attribuer cette conduite peu ordinaire qu'au fait que j'étais un étranger.

Mon séjour à cette école fut de courte durée, mais nullement par la faute de l'institution. M. Tarak

(1) On était alors fort entiché de phrénologie.

Palit (1), qui séjournait alors en Angleterre, voyant que je ne ferais pas grands progrès de cette façon, obtint de mon frère l'autorisation de m'emmener à Londres, pour m'y laisser à moi-même en chambre garnie. Le logement choisi était situé en face de Regent's Park. On était au cœur de l'hiver. Il ne restait plus une feuille aux arbres qui s'alignaient vis à vis de ma fenêtre, tendant vers le ciel leurs branches décharnées, couvertes de neige. Ce spectacle me glaçait jusqu'aux os.

Pour un étranger nouveau venu, il ne peut guère y avoir de lieu de séjour plus morose que Londres en hiver. Je ne connaissais personne à proximité, et à distance, je n'aurais pu trouver mon chemin. Ma vie connut de nouveau les jours solitaires passés à contempler par la fenêtre le monde du dehors. Mais cette fois la vue de ce monde était sans aucun attrait ; il avait un visage renfrogné, le ciel était trouble, la lumière terne comme le regard d'un mort, l'horizon rétréci. Pas un sourire accueillant dans cet espace morne et inhospitalier. Ma chambre était pauvrement meublée, mais il s'y trouvait par hasard un harmonium, sur lequel je jouais parfois à ma fantaisie, quand la clarté du jour prenait prématurément fin. Quelques Hindous venaient me voir de temps en temps. Quoique sans relations d'amitié avec eux, quand je les voyais se lever pour partir, j'aurais voulu les retenir par le pan de leurs habits.

Pendant mon séjour dans cette chambre garnie,

(1) Plus tard, Sir Tarak Palit, un ami de jeunesse du second frère de l'auteur (*Trad.*).

un maître venait m'y donner des leçons de latin. Sa personne efflanquée, pauvrement vêtue, paraissait aussi peu en état que les arbres de l'avenue, de supporter l'âpre morsure de l'hiver. J'ignore quel âge il avait, mais de toute évidence, il paraissait plus vieux qu'il n'était. Quelquefois, pendant la leçon, un mot lui manquait et il prenait une mine absente et piteuse. Sa famille le tenait pour toqué, car il était entiché d'une théorie, d'après laquelle à certains moments de l'histoire, une idée dominante se manifeste en même temps dans toutes les sociétés humaines du monde, idée identique, bien que revêtant des expressions diverses en des milieux d'inégale civilisation. Cette idée maîtresse ne se transmet pas, disait-il, d'une personne à l'autre par persuasion, elle se propage même en l'absence de tous rapports entre individus.

La préoccupation absorbante de mon maître était de recueillir des faits à l'appui de cette théorie et d'en prendre note. Tandis qu'il était ainsi occupé, sa famille manquait de nourriture et son corps de vêtements. Ses filles témoignaient peu de considération pour sa théorie et lui reprochaient probablement sans cesse son infatuation. Certains jours, on voyait sur son visage qu'il avait découvert une nouvelle preuve, et que sa thèse en était affermie. J'abordais alors le sujet, et mon enthousiasme s'échauffait en présence du sien. D'autres fois, au contraire, il était plongé dans le découragement et comme écrasé par un poids trop lourd à porter. Ces jours-là, notre leçon de latin s'achoppait à chaque mot ; les yeux du maître erraient dans le vide et sa pensée refusait de se laisser enchaîner aux pages de la première grammaire latine.

Je compatissais vivement à cette pauvre âme accablée par une théorie et ployant sous le poids d'un corps affamé. Bien que ne conservant aucune illusion quant au secours obtenu pour mon étude du latin, je ne pouvais me résoudre à me débarrasser de ce maître. Ce semblant d'enseignement dura autant que mon séjour dans ce logement. La veille du jour où je le quittai, comme j'offrais de m'acquitter de ce qui lui était dû, le maître me déclara piteusement : « Je ne vous ai servi de rien. Vous n'avez fait que perdre votre temps avec moi. Je ne saurais accepter aucun paiement. » Ce fut à grand'peine que je l'obligeai enfin à toucher le montant de ses honoraires.

Quoique ce maître n'ait jamais fait de tentative indiscrète pour m'exposer les preuves de sa théorie, je n'en conteste pas, même aujourd'hui, le bien-fondé. Je suis convaincu, en effet, que les esprits des hommes sont reliés entre eux par un intermédiaire continu, profondément situé et en vertu duquel un ébranlement survenu en un point se communique secrètement aux autres.

M. Palit me plaça dans la maison d'un répétiteur nommé Barker, qui recevait en pension des étudiants pour les préparer à leurs examens. Rien dans cet intérieur, si ce n'est la douce petite maîtresse de maison, ne pouvait prétendre à plaire. A la rigueur, on comprend qu'un tel maître puisse trouver des élèves, car ces pauvres garçons n'ont que rarement la liberté du choix ; mais il est pénible de s'imaginer les conditions dans lesquelles des hommes semblables trouvent à se marier. Mrs Barker avait essayé de se consoler en élevant un petit chien favori ; mais quand M. Barker éprouvait le désir de châtier sa femme, il tourmentait le petit chien. De la sorte, l'attachement de Mrs Barker pour le pauvre animal ne faisait qu'élargir le domaine de ses sensibilités douloureuses.

Quand ma belle-sœur m'appela auprès d'elle à Torquai, en Devonshire, je quittai avec bonheur cet entourage pour la rejoindre. Impossible de dire combien je fus heureux là, parmi les collines, au bord de la mer, au milieu des prés fleuris, sous l'ombre des bois de pins, avec mes deux turbulents petits compagnons.

Je m'inquiétais pourtant un peu de ne ressentir aucun élan poétique, alors que mes regards étaient abreuvés de beauté, mon esprit saturé de joie, et que mes journées pleines de loisir se passaient à nager dans le bleu de l'espace avec une félicité sans mélange. Un jour, armé d'un cahier et d'un parasol, je me rendis sur la grève rocheuse, dans l'intention de poursuivre mon destin de poète. Le lieu choisi pour m'y installer était d'une beauté incontestable, tout à fait indépendante de mes rimes et de mon imagination. Un promontoire de rochers s'avançait dans les flots, comme pour les dominer par un perpétuel élan. Devant moi, les vagues bleues tachées d'écume se balançaient tout alentour. L'air ensoleillé s'endormait comme en souriant à la musique de leur berceuse. Derrière moi, l'ombre d'une frange de pins s'allongeait sur la terre, semblable à un vêtement tombé des épaules langoureuses d'une nymphe des bois. Assis sur ce trône de pierre, je me mis à écrire un poème intitulé *Magnatari* (Le bateau englouti). Eussé-je alors pris la précaution d'engloutir aussi ce poème dans les flots, je pourrais aujourd'hui me persuader qu'il était réussi. Cette consolation ne m'est pas accordée, car il existe malheureusement encore. Quoique banni de mes œuvres publiées, une citation en justice pourrait l'obliger à comparaître.

Cependant le héraut du devoir ne chômait pas. A son appel, il me fallut retourner à Londres. Cette fois, ce fut pour trouver refuge dans la famille du Dr Scott. Un beau soir, avec sac et bagages, je fus accueilli dans sa demeure. Le Docteur à cheveux blancs, sa femme et leur fille aînée étaient seuls au logis. Les deux filles cadettes, alarmées de l'irruption d'un exotique Hindou, s'étaient enfuies auprès d'une parente. Elles n'en revinrent, je crois, qu'après avoir reçu l'assurance que je n'étais pas dangereux.

En fort peu de temps, je me sentis comme un membre de cette famille. Mrs Scott me traitait comme un fils, et il est rare de trouver, même parmi des parents, autant de cordiale bienveillance que m'en témoignèrent ses filles.

Pendant mon séjour dans cet intérieur, je constatai avec étonnement combien la nature humaine est partout la même. Nous affirmons volontiers, et je le croyais aussi, que le dévouement d'une épouse hindoue à son mari n'a pas son égal et qu'il n'existe rien de semblable en Europe. Je ne pus, cependant, discerner aucune différence entre Mrs Scott et la femme hindoue idéale. Elle était entièrement absorbée par son mari. Leurs ressources modiques n'autorisaient pas une multiplicité de serviteurs obséquieux.

Mrs Scott vaquait elle-même à tout ce que requérait son époux. Avant le retour de celui-ci, le soir, elle préparait de ses propres mains, auprès du feu, son fauteuil et ses pantoufles de laine. Jamais elle ne perdait de vue ses préférences ni la manière d'être qui lui plaisait. Suivie de l'unique servante, elle parcourait la maison, tous les matins, de la cuisine au grenier, et les balustres de cuivre jaune de l'escalier, les loquets des portes et autres ajustements de métal étaient frottés et polis jusqu'à reluire. Au-dessus de cette routine domestique, il y avait les multiples obligations et devoirs sociaux. La tâche journalière accomplie, Mrs Scott s'associait avec entrain, le soir, à nos lectures et à notre musique, car ce n'est pas le moindre des devoirs d'une bonne maîtresse de maison que de contribuer à la gaîté des heures de loisir.

Quelquefois, le soir, je me joignais aux jeunes filles pour une séance de tables tournantes. Nous posions les doigts sur une petite table à thé, et celle-ci commençait à cabrioler par la chambre. Nous en vînmes si loin que tout ce que nous touchions se mettait à frémir et à palpiter. Mrs Scott ne prenait pas de plaisir à cela. Elle hochait parfois gravement la tête en déclarant qu'elle doutait que ce fût tout à fait bien. Cependant elle s'armait bravement de tolérance pour ne pas contrarier notre humeur juvénile. Mais une fois, nous nous avisâmes de poser les doigts sur le chapeau haut de forme du Dr Scott, dans l'intention de le faire tourner. C'en fut trop. Son épouse se leva très émue et nous enjoignit de n'y pas toucher. Elle ne pouvait endurer l'idée que Satan eût la moindre chose à faire — fût-ce pour un instant — avec le couvre-chef de son mari.

Dans tous ses actes se manifestait le respect profond qu'elle portait à celui-ci. Le souvenir de son exquise absence d'égoïsme me confirme dans la conviction que l'amour féminin parfait réside dans un respect sans bornes, car, partout où aucune cause extérieure ne vient contrarier son épanouissement, l'amour de la femme, de sa nature, culmine dans l'adoration. Là où se déploie en profusion tout ce qui caractérise le luxe, là où la frivolité flétrit la vie de jour et de nuit, ce caractère de l'amour se détériore et la nature féminine ne trouve plus de joie dans sa perfection.

Quelques mois se passèrent dans cette famille. Puis vint le moment prévu pour le retour de mon frère aux Indes et mon père exprima le désir de me voir l'accompagner. Je fus ravi de cette perspective. La lumière de mon pays, le ciel de mon pays, n'avaient cessé de m'appeler silencieusement. Quand je pris congé de Mrs Scott, elle me prit la main en pleurant. « Pourquoi êtes-vous venu, me dit-elle, si vous deviez nous quitter si tôt ? » Le foyer du Dr Scott n'existe plus à Londres. Quelques membres de la famille ont quitté ce monde, d'autres sont dispersés en des lieux qui me sont inconnus. Mais cet intérieur vivra toujours dans mon souvenir.

Comme je passais par le quartier de Tunbridge Wells un jour d'hiver, je vis un homme arrêté au bord de la rue. Ses pieds nus se montraient par les trous de ses chaussures, sa poitrine était en partie découverte. Il ne me dit rien, peut-être parce que mendier était interdit, mais il leva les yeux vers moi. La pièce de monnaie que je lui donnai était, je pense, de plus de valeur qu'il ne s'y attendait car, tandis que je poursuivais ma route, il me rejoignit et me dit : « Monsieur, vous m'avez donné par mégarde une pièce d'or », et il me la tendit en offrant de me la rendre. J'aurais peut-être oublié cet incident, s'il ne m'en était arrivé un autre du même genre, une seconde fois. En arrivant à Torquai, un portefaix de la gare prit mon bagage et le porta jusqu'à la voiture de place. Ayant cherché en vain de la petite monnaie dans ma bourse, je lui tendis une demi-couronne comme la voiture partait. Un instant après, cet homme nous rejoignit en courant et en criant au cocher de s'arrêter. Je supposai que, me voyant si naïf, il avait inventé un prétexte pour réclamer davantage, mais quand la voiture s'arrêta, il me dit : « Monsieur, vous devez avoir pris une demi-couronne pour un penny. »

Je ne prétends pas qu'on ne m'ait jamais trompé en Angleterre, mais ce ne fut jamais d'une manière dont on puisse dignement garder le souvenir. Je fus bien plutôt impressionné par le fait que les gens dignes de confiance savent seuls témoigner de la confiance à autrui. J'étais étranger, inconnu, j'aurais pu peut-être me dérober facilement plus d'une fois, néanmoins aucun boutiquier de Londres ne me témoigna jamais de méfiance.

Durant tout le temps de mon séjour en Angleterre, je fus mêlé à une comédie burlesque où je dus tenir mon rôle jusqu'à la fin. Je fis par hasard connaissance de la veuve d'un fonctionnaire anglo-indien de haut rang, décédé. Cette dame était assez aimable pour m'appeler du petit nom de « Ruby ». Des amis qu'elle avait aux Indes avaient composé un chant funèbre à la mémoire de son mari. Je ne ferai pas mention de la valeur poétique de cette œuvre ni du charme de son style. Par malheur pour moi, selon l'indication de ses auteurs, ce chant devait être adapté à la mélodie *Behaga.* La veuve, en conséquence, me pria un jour de le lui chanter sur ce mode. Pauvre innocent que j'étais, j'eus la faiblesse d'y consentir. Malheureusement il ne se trouvait là personne qui pût ressentir l'atroce ridicule de la combinaison du *Behaga* avec ces absurdes vers. La veuve sembla profondément touchée d'entendre cette lamentation hindoue en l'honneur de son époux, chantée sur une mélodie du pays. Je pensai que l'incident était clos, mais je me trompais.

Je rencontrai fréquemment ensuite cette dame à diverses réunions de société ; quand, après le dîner, nous rejoignions les dames au salon, elle me priait de chanter le *Behaga.* Les autres invités, dans l'espoir d'entendre quelque spécimen extraordinaire de musique hindoue, joignaient leurs instances aux siennes. Alors sortaient de ma poche des copies imprimées du funeste poème, et mes oreilles se mettaient à rougir et à tinter. Enfin, tête baissée et d'une voix tremblante, je commençais... sachant bien que, seul dans cette salle, je pouvais apprécier le caractère désespérant de cette performance. Le chant terminé, au milieu de quelques rires étouffés, s'élevaient en chœur les applaudissements : « Merci mille fois ! » « Que c'est intéressant ! » Et quoiqu'on fût en hiver, je suais à grosses gouttes. Qui aurait pu prédire, lors de ma naissance ou lors du décès de cet estimable fonctionnaire, le coup que me porterait sa mort !

Pendant que je séjournais chez le Dr Scott et que je suivais les cours universitaires, je perdis la veuve de vue. Elle habitait la banlieue de Londres et m'écrivait quelquefois de venir l'y voir, mais ma terreur de la fatale élégie m'empêchait de répondre à ces invitations. A la fin, je reçus un télégramme pressant, qui me parvint comme je me rendais à un cours. Mon séjour en Angleterre s'approchant de son terme, je me dis qu'il serait convenable que je visse encore une fois cette dame avant mon départ, et je cédai à ses instances importunes.

Au lieu de rentrer à la maison après mon cours, je me rendis tout droit à la gare. Le temps était affreux, d'un froid de loup, neigeux et brumeux. La station où je devais descendre était la gare terminus de la ligne. Je me mis donc à l'aise et ne pris pas la peine de m'enquérir de l'heure d'arrivée.

Les perrons des gares se trouvant du côté droit du train, je m'installai dans l'encoignure de droite et m'enfonçai dans un livre. Il faisait si sombre qu'on ne distinguait plus rien au dehors. L'un après l'autre, mes compagnons de voyage, arrivant à leur destination, sortirent du compartiment. Nous atteignîmes l'avant-dernière station, puis la quittâmes. Le train stoppa de nouveau, mais on ne vit personne, ni lumière, ni perron. Le voyageur ordinaire ne peut deviner pourquoi les trains s'arrêtent quelquefois sans raison apparente, à un moment et à un endroit insolites ; aussi, renonçant à le comprendre, je continuai ma lecture. Alors le train se mit en marche à reculons. Qui peut se rendre compte des excentricités d'un train, pensai-je, et je repris mon livre. Mais quand nous nous retrouvâmes à la station précédente, je sortis de ma quiétude. « Quand arriverons-nous à X... », demandai-je à un employé. — « Vous en arrivez justement », répondit-il. — « Et où donc allons-nous maintenant ? » questionnai-je, un peu ému. — « A Londres ». Je compris alors que le train faisait le trajet dans les deux sens. A ma demande quand passerait le prochain convoi, on m'informa qu'il n'y en aurait plus ce soir-là. J'appris en outre que l'auberge la plus proche était à cinq lieues de distance.

J'avais quitté la maison après le déjeuner de 10 heures et n'avais rien pris depuis lors. En l'absence d'autre alternative, il n'est pas difficile d'être un ascète. Je boutonnai mon épaisse redingote jusqu'au menton, et repris ma lecture des *Principes de l'Ethique*, par Herbert Spencer, qui venaient de paraître, en me consolant par la pensée que jamais peut-être si bonne occasion ne s'offrirait pour concentrer mon attention sur ce sujet.

Peu après, cependant, un employé survint et m'informa qu'un train spécial venait de s'annoncer et qu'il passerait dans une demi-heure. Je fus si content de la nouvelle que je mis l'*Ethique* de côté. J'arrivai donc enfin à destination. Au lieu de sept heures, il en était neuf. — « A quoi pensez-vous, Ruby ? » fit mon hôtesse. « Qu'avez-vous fait tout ce temps ? » Je ne pouvais être très fier de l'aventure dont je lui fis le récit. On avait fini de dîner. Néanmoins, ma malchance n'étant guère de ma propre faute, je ne m'attendais pas à en être châtié, surtout par une dame. Pourtant, tout ce que me dit la veuve du grand Anglo-indien fut ceci : « Eh bien, Ruby, venez prendre une tasse de thé. »

Je ne fus jamais un buveur de thé, mais la perspective d'y trouver un soulagement à ma faim dévorante m'en fit avaler une tasse avec un ou deux biscuits. Quand enfin j'entrai au salon, j'y trouvai un groupe de dames d'âge mûr, entourant une jeune Américaine, fiancée à un neveu de l'hôtesse, avec qui elle se livrait aux petits exercices amoureux précédant le mariage.

« Faisons quelques tours de danse », proposa la veuve. L'entrain et les conditions physiques disposant à la danse me manquaient également. Mais ce sont les esprits dociles qui accomplissent l'impossible en ce monde, et, bien que la danse fût en premier lieu destinée au couple de fiancés, je dus m'exécuter et y figurer avec les dames d'âge respectable, sans autre soutien contre la famine que le thé et les deux biscuits.

Mes épreuves, cependant, n'étaient pas encore à leur terme. « Où descendez-vous pour la nuit ? » questionna mon hôtesse. Je n'étais point préparé à cette interrogation. Comme je la regardais muet, elle m'informa que, l'auberge de l'endroit se fermant à minuit, je ferais bien de m'y rendre sans délai. L'hospitalité n'était, cependant, pas tout à fait absente, car je ne fus pas laissé à mes propres ressources pour trouver cette auberge. Une servante, armée d'une lanterne, m'en montra le chemin. Ce sera une bénédiction inattendue, pensai-je, et je m'empressai de demander ce qu'on pouvait me servir, viande, poisson, légume, chaud ou froid, n'importe quoi. On m'apprit que toutes les variétés de boissons étaient à ma disposition, mais qu'il n'y avait rien à manger. Il me restait le sommeil, suprême source d'oubli, mais là même, en ce refuge où le monde entier trouve asile, je ne devais pas être accueilli. Le sol de la chambre était de ciment glacé, son seul ameublement un vieux bois de lit et une table à laver branlante.

Le matin venu, la veuve Anglo-indienne m'envoya prier à déjeuner. Je trouvai un repas froid servi, sans doute les reliefs du dîner de la veille. Offertes la nuit précédente, quelques miettes de ce repas, tièdes ou froides, n'auraient fait tort à personne, et mes prouesses de danseur auraient moins ressemblé aux sauts d'une carpe sortie de l'eau.

Après le déjeuner, mon hôtesse m'apprit que la dame, pour la délectation de laquelle j'avais été invité à chanter, était malade, alitée, et que j'étais prié de lui offrir une sérénade derrière la porte de sa chambre. Je fus placé debout, sur le palier de l'escalier. Me montrant du doigt une porte, la veuve me dit : « Voilà où elle est. » J'entonnai alors l'élégie sur le mode *Behaga*, en face du mystérieux inconnu que me cachait cette porte.

De retour à Londres, j'expiai dans mon lit les suites de ma sotte complaisance. Les filles du Dr Scott me supplièrent et me mirent sur la conscience de ne pas voir dans cette mésaventure un exemple de l'hospitalité anglaise. Elles m'assurèrent qu'il fallait l'attribuer, chez la veuve, aux effets du climat des Indes.

26. — **Loken Palit.**

Pendant que je suivais les cours de littérature anglaise à l'Université, j'avais pour camarade Loken Palit. Il avait environ quatre ans de moins que moi. A l'âge où j'écris ces souvenirs, une différence d'âge de quatre ans ne signifie presque rien ; mais entre dix-sept ans et treize ans, elle constitue un gouffre difficile à franchir. Le poids des ans lui faisant défaut, un jouvenceau est d'autant plus soucieux de maintenir l'importance du rang d'âge qui lui confère une dignité. Néanmoins, je n'éprouvais rien de semblable à l'égard du jeune Loken, car je ne réalisais pas qu'il fût mon cadet.

Les étudiants des deux sexes se réunissaient dans la bibliothèque du Collège pour travailler. C'était là que nous avions nos tête-à-tête. Si nous nous étions tenus modérément tranquilles, personne n'aurait eu rien à redire, mais mon jeune compagnon était débordant d'entrain au point que sa bonne humeur éclatait en fous rires à la moindre provocation. Les jeunes filles de tous les pays apportent à leurs études un degré d'application morbide et je me rappelle avec contrition les nombreux regards de reproche des yeux bleus qui vainement protestaient contre notre gaieté immodérée. A ce moment-là, je n'éprouvais pas la moindre sympathie pour la détresse que leur causait ce dérangement. Grâce en soit à la Providence, je n'ai jamais eu un mal de tête, ni un instant de componction pour des devoirs d'école interrompus.

En dépit de l'accompagnement constant de nos

fous rires, nous trouvions pourtant le moyen de poursuivre des discussions littéraires et, quoique Loken ne fût pas versé dans la littérature du Bengale comme je l'étais, il y suppléait par la vivacité de son intelligence. L'un de nos sujets de discussion était l'orthographe bengali.

Voici comment ce sujet vint à nous préoccuper. Une des demoiselles Scott voulut apprendre le bengali. En lui enseignant l'alphabet, je manifestai ma fierté de ce que notre orthographe possède une conscience et ne se délecte pas à transgresser à chaque pas ses lois. Je lui démontrai combien ridicules seraient les caprices de l'orthographe anglaise si nous n'étions pas dans l'obligation tragique de nous l'assimiler en vue de nos examens. Mais mon orgueil provoqua une riposte. Il fut allégué que l'orthographe bengali est aussi fantasque, et que l'habitude seule m'avait aveuglé sur ses déréglements. Alors je me mis en quête de lois qui justifiassent ses apparentes fantaisies, et dans cette recherche Loken se montra un merveilleux auxiliaire.

Quand Loken fut entré dans le Service Civil et qu'il retourna dans son pays, les investigations si gaîment inaugurées à la bibliothèque du Collège poursuivirent leur cours comme un fleuve qui s'élargit. La délectation que Loken prenait à la littérature mit du vent dans les voiles de mes tentatives d'écrivain. Et quand, à l'apogée de ma jeunesse, je lançai mon équipage de prose et de poésie au triple galop, l'appréciation illimitée de Loken empêcha mes énergies de faiblir un seul instant. A combien d'équipées extraordinaires, en prose ou en vers, nous nous livrâmes dans son bungalow du Mofussil ! Plus d'une fois, nos réunions littéraires et musicales commencées sous les auspices de l'étoile du soir, prirent fin, comme les lampes s'éteignent à la venue de l'aurore, aux rayons de l'étoile du matin.

De toutes les fleurs de lotus rassemblées aux pieds de *Saraswati* (1) la fleur de l'amitié doit être sa favorite. Je n'ai pas recueilli beaucoup du pollen d'or des autres corolles, mais rien ne m'a échappé des parfums délicieux de la bonne camaraderie.

27. — Le cœur brisé.

Je commençai en Angleterre à écrire un poème que je continuai à composer en voyage et que j'achevai au retour. Il fut publié sous le titre de *Bhagna Hriday* (Le Cœur Brisé). Je le crus d'abord tout à fait réussi. De la part de son auteur lui-même, cette appréciation n'avait rien d'étonnant, mais le poème rencontra tout autant d'approbation chez ses lecteurs. Lorsqu'il parut, le premier ministre du Rajah de Tipperah me fit appeler dans le seul but de m'apprendre que le Rajah admirait ce poème et concevait de grands espoirs pour la carrière future de son auteur. A ce propos, qu'on me permette de citer ce que j'écrivis à trente ans dans une lettre, au sujet de cette composition :

« J'avais dix-huit ans, quand je me mis à composer le «Bhagna Hriday » : ce n'était plus l'enfance et pas encore la jeunesse. A

(1) Saraswati, la déesse du savoir, est représentée au Bengale vêtue de blanc et assise au milieu d'une profusion de fleurs de lotus.

cet âge de transition, l'esprit n'est pas touché par les rayons directs de la Vérité. Il en perçoit un reflet par ci par là, mais le reste, c'est de l'ombre. Et tout comme les ombres au moment du crépuscule, ses imaginations sont vagues et tirées en longueur ; elles prêtent au monde réel un aspect fantastique. Chose curieuse, non seulement j'avais dix-huit ans moi-même, mais tous ceux qui m'entouraient semblaient avoir le même âge et ensemble, nous flottions dans une région imaginaire, sans fondement, sans substance, et où les joies et les peines les plus ardentes ressemblaient aux joies et aux peines d'un pays de rêve. Privé de comparaison avec le réel, le trivial usurpait la place du grand. »

Ces années de ma vie, entre seize et vingt-deux ou vingt-trois ans, furent une période de grand désarroi. Aux âges primordiaux de la terre, alors que le sol et l'eau n'étaient pas encore confinés chacun dans ses limites, d'énormes créatures amphibies erraient dans les bois qui couvraient la vase limoneuse. C'est ainsi qu'aux époques obscures qui précèdent la maturité, les passions, disproportionnées et prenant des formes étranges, hantent les régions indéfrichées du jeune esprit. S'ignorant elles-mêmes et ignorantes du but de leurs errements, elles sont toujours portées à l'imitation. Pareillement, à cet âge d'une activité sans signification réelle, mes facultés embryonnaires, inconscientes de leur objet et incapables de l'atteindre, se bousculaient l'une l'autre pour se frayer une voie, chacune s'efforçant de conquérir la prépondérance en s'exagérant.

Les dents de lait, quand elles cherchent à percer la gencive, mettent en fièvre le petit enfant; cette effervescence ne s'explique que lorsque les dents font leur apparition et commencent à s'acquitter de leur office. De même, nos passions précoces nous tourmentent comme une maladie, jusqu'à ce qu'elles aient réalisé leur vraie relation avec le monde ambiant.

On trouve dans tous les manuels de morale ce que j'appris à cet âge par l'expérience, mais ce n'est pas une raison pour dédaigner ces leçons. Tout ce qui refoule nos appétits au dedans de nous-mêmes empoisonne en nous la vie en l'empêchant de s'épancher au dehors ; aussi l'égoïsme, qui restreint la libre expansion de notre être et le détourne de son véritable objet, s'accompagne-t-il toujours d'erreurs corruptrices et d'extravagances. Quand, au contraire, nos désirs trouvent à s'épanouir, dans un bon travail, ils secouent leur morbidité et reviennent à leur vraie nature, qui est leur fin réelle et la joie de leur existence.

Les dispositions d'esprit que je viens de décrire étaient favorisées par les idées régnantes et les exemples qui prédominaient alors. Je ne sais si l'effet des unes et des autres ne se prolonge pas aujourd'hui encore. En me reportant à l'époque dont je parle, je suis frappé de constater que la littérature anglaise nous avait apporté plus d'excitation que d'aliment. Nos divinités littéraires étaient alors Shakespeare, Milton et Byron ; et ce qui, dans leurs œuvres, nous stimulait le plus, c'était la puissance des passions. Dans la vie de société des Anglais, toutes les explosions passionnées sont tenues sévèrement en échec ; c'est peut-être pourquoi elles prédominent à ce point dans leur littérature, dont le trait caractéristique est la peinture de sentiments véhéments qui, par leur extravagance, conduisent à d'inévitables conflits. Tout au moins, c'est cette excitation sans contrôle que nous apprîmes à envisager comme la quintessence de la littérature anglaise.

Dans l'impétuosité de la poésie que nous déclamait Akshay Chowdury, notre initiateur à la littérature anglaise, il semblait y avoir un égarement d'ivresse. L'amour frénétique de Roméo et de Juliette, la fureur des lamentations impuissantes du Roi Lear, le feu consumant de la jalousie d'Othello, voilà ce qui éveillait notre admiration enthousiaste. La vie de société restreinte qui était la nôtre et les champs rétrécis de nos activités, restaient confinés dans une uniformité si monotone que des sentiments tempétueux n'y trouvaient aucune place. Tout était aussi calme et tranquille que possible. Aussi nos cœurs languissaient-ils du désir des émotions vivifiantes dont la littérature anglaise nous apportait le choc. Ce n'était pas une jouissance esthétique, c'était l'accueil de la vague turbulente, saluée avec jubilation par une mare stagnante, alors même que la boue qui est en son fond en est soulevée et projetée à la surface.

La littérature contemporaine de Shakespeare est l'expression impétueuse de l'époque où la Renaissance entraîna l'Europe dans la violence de sa réaction contre le frein qui avait entravé les cœurs. L'objet principal n'était pas alors l'appréciation du bien et du mal, de la beauté ou de la laideur. L'homme était consumé du besoin de briser les barrières pour pénétrer dans le secret de son être, afin d'y découvrir l'image de son intense désir. C'est de ce besoin que la littérature de l'époque est la manifestation poignante, exubérante, effrénée.

L'esprit de cette bacchanale de l'Europe fit irruption dans nos milieux rangés, d'une pruderie affectée. Il nous réveilla et nous stimula vivement. Nous fûmes éblouis par l'ardeur de la vie sans frein qui s'alluma dans nos cœurs, étouffés jusqu'alors sous le poids des coutumes conventionnelles et dévorés du désir de se dévoiler.

Il y eut une autre époque analogue dans la littérature anglaise, celle où l'allure lente et composée de Pope fit place au rythme entraînant de la Révolution française. Le poète de ce moment-là fut Byron. Son impétuosité passionnée émut aussi l'amante voilée recluse au fond de nos cœurs.

Telle fut l'excitation causée par la littérature anglaise sur les jeunes esprits de mon temps, et la vague d'émotion qui, par suite, m'assaillit de toutes parts. L'âge du réveil est celui du jeu des énergies, il ne peut être celui de leur répression.

Nos circonstances, toutefois, différaient beaucoup de celles de l'Europe. Là, l'excitation et l'impatience du frein étaient les reflets directs de l'Histoire contemporaine sur l'art littéraire. Leur expression verbale en était la suite logique. On entendait le grondement de l'orage parce que l'orage, en effet, se déchaînait. Mais lorsqu'il parvenait jusqu'en nos milieux, ce vent de tempête n'était plus en réalité qu'une brise, et son mugissement, qu'un murmure. Atténué de la sorte, il ne nous satisfaisait pas et nos tentatives pour imiter le souffle de l'ouragan nous entraînaient à l'exagération, tendance qui persiste encore et qui pourra être difficile à vaincre.

Il faut attribuer tout cela au fait que la retenue, ce caractère essentiel de l'art véritable, n'a pas encore trouvé sa place dans la littérature anglaise. Or, l'émotion n'est qu'un des facteurs de l'œuvre d'art littéraire, elle n'en est pas l'objet. Celui-ci ne réside que dans la beauté d'une plénitude complète, contenue dans la simplicité et la mesure. Cette proposition n'est pas encore admise en principe dans la littérature d'Angleterre.

C'est toutefois par cette littérature, et par elle seule, que nos esprits sont formés dès l'enfance et jusqu'à la vieillesse. Nous ne nous initions pas aux autres littératures d'Europe, classiques et modernes, dont la forme artistique témoigne d'une culture systématique de la possession de soi. Aussi tardons-nous, me semble-t-il, à concevoir le vrai but et la méthode authentique de l'œuvre d'art littéraire.

Akshay Babu, qui avait fait naître en nous la passion de la littérature anglaise, était lui-même un adepte de la vie émotive. Il paraissait moins sensible à l'urgence de comprendre la vérité dans toute sa perfection qu'à celle d'en prendre conscience par le sentiment. Le respect intellectuel pour la religion lui faisait défaut, mais les larmes lui venaient aux yeux en entendant les chants de *Shyama* (la sombre Mère). Il ne se sentait pas appelé à sonder la vérité ultime ; tout ce qui émouvait son cœur était pour lui momentanément vrai. Même la grossièreté manifeste ne le rebutait pas.

L'athéisme était la note dominante chez les prosateurs anglais alors en vogue. Bentham, Mill et Comte étaient les auteurs favoris. Nos jeunes gens raisonnaient selon les termes de leur argumentation. L'âge de Mill, qui constitue une époque dans l'Histoire de l'Angleterre, représente une saine réaction du corps politique, opérée momentanément par des notions destructives, pour se délivrer d'une accumulation d'idées vieillies. Dans notre pays, ces notions destructives furent admises en théorie, mais personne ne chercha à en tirer des conséquences pratiques. Elles servirent uniquement de stimulant pour nous pousser à la révolte morale. L'athéisme ne fut ainsi pour nous qu'une intoxication.

Pour ces raisons, les hommes instruits d'alors se répartirent chez nous en deux classes. Les uns se portaient sans cesse en avant pour mettre en pièces, sans provocation aucune, toute croyance en Dieu. Tel un chasseur, sitôt qu'il aperçoit, au sommet ou au pied d'un arbre, une créature vivante, ne peut se retenir de la tuer, ces hommes, à peine informés de la présence, chez n'importe qui, d'une croyance inoffensive blottie dans une apparente sécurité, se sentaient poussés à l'attaquer pour la démolir. Nous eûmes pour un peu de temps un précepteur dont c'était le divertissement de prédilection. Quoique je ne fusse alors qu'un petit garçon, je n'échappai pas à ses assauts. Ses succès, du reste, étaient insignifiants et ses opinions ne provenaient d'aucune recherche enthousiaste de la vérité — elles étaient d'emprunt, pour la plupart — mais quoique, en dépit de l'inégalité de nos âges, je le combattisse de toutes mes forces, je subis plus d'une amère déconvenue. J'en étais parfois si mortifié que j'aurais voulu pleurer.

L'autre classe de gens se composait, non de croyants, mais de religieux épicuriens, qui trouvaient plaisir et réconfort à se réunir pour se livrer à d'agréables impressions visuelles, auditives et olfactives, sous le vêtement d'un cérémonial religieux ; ils jouissaient du luxurieux appareil du culte. Chez aucune de ces deux catégories de personnes, la croyance ni la négation ne résultaient du labeur de la recherche.

Bien que peiné par ces aberrations religieuses, j'en étais influencé en quelque mesure, je ne puis le nier. Avec l'impudence innée à la jeunesse bourgeonnante, une révolte s'inaugura aussi en moi. Je ne voulus plus m'associer aux services religieux célébrés dans notre famille, alléguant que je ne les avais pas faits miens. Mon occupation était d'attiser un brasier ardent par le souffle de mes émotions. Ce n'était que le culte du feu, mes oblations ne se proposaient que d'alimenter la flamme, et parce que ces efforts n'avaient pas d'autre but, ils étaient immodérés, et dépassaient sans cesse toutes les limites.

Tant pour ma religion que pour mes émotions, je n'éprouvais aucun besoin de vérité fondamentale ; mon excitation se suffisait à elle-même. Je me souviens de quelques lignes d'un poète de ce temps-là :

> Mon cœur est à moi,
> Je ne l'ai vendu à personne,
> Qu'il soit mis en lambeaux et usé jusqu'à en périr,
> Mon cœur est à moi !

Au point de vue du vrai, le cœur n'a aucun besoin de s'user de la sorte, car rien ne l'oblige à se mettre en lambeaux. La souffrance, en vérité, n'est pas désirable, mais vue en elle-même, son âpreté peut paraître savoureuse. Nos poètes faisaient souvent grand cas de cette saveur, tout en laissant de côté le dieu qu'ils prétendaient adorer. Notre pays n'a pas encore pu se débarrasser de cet enfantillage. Encore aujourd'hui, quand nous ne pouvons voir la vérité de la religion, nous cherchons une satisfaction artistique dans ses observances. De même‘ beaucoup de ce qui constitue notre patriotisme n'est pas le service de la mère-patrie, mais le plaisir de prendre une certaine attitude vis-à-vis de notre pays.

28. — Impressions musicales en Europe.

J'allai une fois entendre, à Brighton, une prima donna dont j'ai oublié le nom. C'était peut-être Madame Nilsson ou Madame Albani. Jamais je n'avais été en présence d'une aussi extraordinaire maîtrise de la voix. Les meilleurs de nos chanteurs ne parviennent point à bannir toute impression d'effort ; ils ne redoutent pas d'émettre, tant bien que mal, des notes très hautes ou très basses qui dépassent le registre de leur voix. Dans notre pays, la portion intelligente d'un auditoire supplée volontiers, par l'imagination, aux lacunes qui subsistent dans l'exécution d'une œuvre. On ne se formalise pas d'une crudité de la voix ou d'une maladresse des gestes chez l'artiste qui fait entendre une mélodie impeccable ; au contraire, on semblerait parfois d'avis que ces petites incorrections ne font que mettre en relief la parfaite beauté d'une composition, tout comme la pauvreté du grand ascète Mahadeva faisait resplendir sa divinité au travers de sa nudité même.

Tout sentiment de ce genre est absolument inconnu

en Europe. On y exige une perfection absolue jusque dans le moindre détail de l'exécution, et la plus légère incorrection est honnie comme indigne de paraître en public. Dans nos soirées musicales, on ne se fait pas faute d'accorder les instruments pendant une demi-heure, ni de frapper à tour de bras les tambours, petits et grands, jusqu'à ce qu'ils rendent le son voulu. En Europe, ces préparatifs nécessaires s'accomplissent d'avance, hors de la salle, tout ce qui est présenté au public devant être achevé. On ne témoigne, non plus, aucune tolérance aux points faibles de la voix d'un chanteur. Chez nous, la chose principale est la reproduction fidèle et artistique de la mélodie (1), c'est là que se concentre tout l'effort. En Europe, c'est la voix qui est l'objet de la culture et qui accomplit des miracles. Nous sommes satisfaits d'entendre le chant ; en Europe, on va entendre le chanteur.

C'est bien là ce qui m'apparut à Brighton. Cette audition fut pour moi l'égale d'une représentation de cirque. Mais, malgré toute l'admiration que je conçus pour l'exécution, je fus incapable d'apprécier la musique. J'eus peine à me retenir de rire quand la cantatrice, par ses roulades, imita le gazouillement des oiseaux. Je sentis d'un bout à l'autre que c'était mésuser de la voix humaine. Quand ce fut le tour d'un artiste du sexe masculin, j'éprouvai du sou-

(1) Dans la musique hindoue, il ne s'agit pas seulement de rendre une mélodie exactement telle qu'elle est composée ; le thème original de l'œuvre musicale est l'objet d'un développement improvisé par l'exécutant, qui en devient ainsi l'interprète.

lagement. Les voix de ténor, en particulier, me satisfirent, je les trouvai plus humaines, plus corporelles, pour ainsi dire, moins semblables à la voix d'esprits désincarnés.

Plus tard, quand je continuai à entendre de la musique d'Europe et à m'en instruire, je m'initiai mieux, par degrés, à son esprit, mais je reste convaincu jusqu'à ce jour que cette musique et la nôtre habitent des régions différentes et ne pénètrent pas dans les cœurs par la même porte.

La musique, en Europe, semble entremêlée à la vie matérielle, au point que le texte des chants peut être aussi varié que la vie est diverse. Si nous nous avisions d'adapter nos mélodies à des significations aussi multiples, elles perdraient quelque chose de leur caractère et pourraient friser le ridicule, car ces mélodies s'élèvent au dessus du plan de la vie quotidienne ; elles nous transportent dans les profondeurs de la Pitié, ou nous font planer sur les cîmes des régions très hautes ; leur fonction est d'atteindre en nous l'inexprimable, le mystérieux, l'impénétrable, ces lieux de l'âme où le religieux peut trouver son sanctuaire et l'épicurien son bosquet, mais où il n'y a pas de place pour l'homme du monde affairé.

Je ne saurais prétendre avoir pénétré dans l'âme de la musique d'Europe, mais le peu que j'en pus comprendre du dehors fut plein d'attrait pour moi en un certain sens. Je la trouvai si romantique. Il serait difficile d'analyser ce que j'entends par ce mot. Je veux désigner ainsi l'aspect de variété et de multiplicité innombrable que revêtent les vagues sur les flots de la vie, les effets changeants de lumière et d'ombre qui se jouent sur leurs ondulations sans fin. L'aspect opposé, c'est celui de l'extension de l'espace, du bleu immuable du ciel, de l'impression d'incommensurable que suggère le cercle lointain de l'horizon. Quoi qu'il en soit, je le répète, au risque de ne pas être compris clairement : toutes les fois que j'ai été ému par la musique en Europe, je me suis dit : c'est romantique, c'est le caractère évanescent de la vie, exprimé en mélodie.

Ce caractère ne fait pas entièrement défaut à certaines formes de notre musique ; mais chez nous, l'effet en est moins prononcé, moins complet. Nos mélodies prêtent voix à la nuit étoilée, aux premières lueurs de l'aube ; elles parlent de la douleur qui pénètre l'atmosphère quand les nuages sombres s'abaissent, et de l'ivresse silencieuse du printemps quand il erre dans la forêt.

29. — Valmiki Pratibha

Nous possédions un exemplaire somptueusement illustré des *Mélodies Irlandaises* de Moore. Akshay Babu récitait souvent ces poèmes avec extase, et en moi ils se combinaient avec les images du livre pour composer un tableau de rêve de l'Irlande d'autrefois. Je ne connaissais pas alors leurs mélodies originales, mais je les imaginais accompagnées du son des harpes qui figuraient dans les illustrations. Je désirais vivement entendre les chants authentiques, les apprendre, et les chanter à Akshay Babu. Certains de nos vifs désirs se réalisent, hélas, en ce monde, et·meurent en se réalisant. En Angleterre j'entendis chanter quelques-unes de ces mélodies et cela mit fin à mon ardeur d'en connaître davantage. Elles étaient simples, tristes et douces, mais ne concordaient pas avec la musique silencieuse qui, dans mes rêves, avait plané dans les salles de l'antique Irlande.

De retour chez moi, je chantai à ma famille les mélodies que j'avais apprises. « Qu'est-il arrivé à la voix de Rabi ? » s'écrièrent mes auditeurs. « Quelle résonnance étrangère et singulière elle a prise ! » On trouva même que ma voix parlée avait changé de timbre.

C'est de ce mélange de musique étrangère avec la nôtre que naquit le *Valmiki Pratibha.* Dans ce drame musical, la plupart des mélodies sont hindoues, mais elles ont été distraites de leur classique majesté. Après avoir plané dans le ciel, elles ont appris à marcher sur terre. Ceux qui ont assisté aux représentations de cette œuvre témoigneront, je l'espère, que cette adaptation des formes mélodiques de l'Inde à une action dramatique n'était ni une dérogation ni une puérilité. Cette association est le seul trait original de *Valmiki Pratibha.* Je fus complètement captivé par cet essai pour soumettre nos formes mélodiques à un traitement nouveau.

Plusieurs des poèmes de *Valmiki Pratibha* furent adaptés à des airs dont le mode original était sévèrement classique ; d'autres chants furent composés par mon frère Jyotirindra ; un petit nombre sont empruntés à des sources d'Europe. Le style *Telena* (1)

(1) Certaines mélodies classiques, aux Indes, sont notées d'après un système d'accents, où la musique s'adapte, non à

se prête particulièrement bien à un texte dramatique, et a été souvent utilisé dans cette œuvre.

Deux airs anglais sont introduits comme chansons à boire d'une bande de brigands, et les lamentations d'une nymphe des bois se chantent sur une mélodie irlandaise.

Valmiki Pratibha ne se prête pas à la lecture. Sa signification échappe si on ne l'entend pas chanter ou ne le voit pas représenter. Ce n'est pas ce qu'on appelle en Europe un opéra ; c'est un petit drame mis en musique. Les chants n'en sont pas l'expression première ; ils ne servent que comme véhicule à l'action.

Avant mon départ pour l'Angleterre, nous donnions quelquefois des soirées littéraires où l'on offrait, avec des récitations, de la musique et de légers rafraîchissements. Il y eut encore après mon retour une de ces soirées, qui fut la dernière. C'est pour figurer en une occasion de ce genre que *Valmiki Pratibha* fut composé. Lors de sa représentation, je tins le rôle de Valmiki, et ma nièce, Pratibha, celui de Saraswati. Ce petit souvenir de famille est resté consigné dans le titre.

Herbert Spencer dit quelque part que le langage prend des inflexions musicales dès que l'émotion s'y associe. On ne peut nier, en effet, que le ton de la voix ne contribue pour une part aussi importante que les paroles à l'expression de la colère, de la dou-

des paroles, mais à des signes qui représentent des battements de tambour. Les tambours, dans la musique hindoue, émettent des sons très variés, dont chacun correspond à l'un des signes de la notation. Le *Téléna* est un des modes de ce système.

leur, de la joie ou de l'admiration. J'avais été frappé par l'idée de Spencer que ce fut en développant ces modulations émotives du langage que l'homme inventa la musique. Pourquoi, pensai-je, ne pas mettre un drame en action, comme cette idée le suggère, par un récitatif musical ? Les *Kathakas* de notre pays (déclamateurs des légendes puraniques) essaient bien parfois de le faire en quelque mesure quand ils entonnent, ci et là, une sorte de plain-chant qui n'atteint pas à la forme mélodique. Comme le vers blanc est plus souple que le vers rimé, ce plain-chant, non dépourvu de rythme, s'adapte mieux à l'expression d'un texte, en ce qu'il est affranchi des intervalles réguliers de sons et de mesure que requiert une mélodie. Le but n'étant autre que la manifestation des sentiments, ces irrégularités de forme ne choquent pas.

Encouragé par le succès de l'innovation tentée par le *Valmiki Pratibha*, je composai un autre drame du même genre, *Kal Mrigaya* (la chasse fatale) en prenant pour sujet un épisode connu, où le fils unique d'un ermite aveugle est tué accidentellement par le roi Basaratha. Le drame fut représenté sur une scène érigée *ad hoc* sur le toit en terrasse de notre maison, et l'auditoire parut profondément impressionné par son caractère pathétique. Une partie de l'œuvre fut ensuite incorporée avec de légers remaniements dans le texte de *Valmiki Pratibha*, et le drame cessa d'être publié à part.

Plus tard, enfin, je composai une troisième pièce de théâtre d'un genre différent : *Mayar Khela* (Le drame de Maya) dont la musique, et non plus l'action dramatique, fut l'expression principale. Dans les deux précédents, de successives situations dramatiques étaient reliées comme par un fil mélodique ; ici, c'était une guirlande de mélodies qui s'enroulait autour du fil d'une action. Pendant sa composition, j'étais complètement absorbé dans la musique.

L'enthousiasme qui me posséda tandis que je composais *Valmiki Pratibha* et *Kal Mrigaya* n'accompagna jamais la conception d'aucune autre de mes œuvres. C'était l'impulsion de la veine musicale du moment qui trouvait là son expression créatrice.

En ce temps-là, mon frère Jyotirindra était au piano du matin au soir, occupé à remanier à sa fantaisie des airs anciens qui prenaient des formes inattendues, en donnant expression à de nouvelles nuances de sentiment. Ces airs, qu'on avait coutume d'entendre se dérouler à une allure antique et majestueuse, forcés d'adopter un tempo plus alerte et moins conventionnel, révélaient des caractères inconnus et produisaient une impression toute différente. Tandis qu'assis auprès du piano avec Akshay Babu, nous improvisions des paroles pour ces airs, à mesure qu'ils s'envolaient sous les doigts de mon frère, nous entendions chaque mélodie nous parler un nouveau langage. Je ne prétends pas que notre libretto fût de la poésie impeccable, mais, tant bien que mal, il servait de véhicule à la musique. C'est dans la joie turbulente de cette activité révolutionnaire que mes deux drames musicaux virent le jour, et qu'ils s'élancèrent allègrement, dansant au rythme de n'importe quelle musique, correcte ou non, sans souci de savoir si les airs en étaient hindous ou étrangers.

En mainte occasion, le public du Bengale a eu maille à partir avec mes opinions ou mes innovations littéraires, mais il fut curieux de constater qu'alors, l'audace avec laquelle je bouleversai des notions musicales généralement admises ne souleva aucune protestation. Au contraire, les spectateurs de mes drames musicaux y prirent plaisir. Quelques compositions d'Akshay Babu trouvèrent aussi place dans *Valmiki Pratibha,* ainsi que des adaptations des chants de *Vihari Chakravarti.*

Lors de la représentation de ces drames, je tenais d'ordinaire le rôle principal. Dès mes jeunes années, j'avais eu le goût de l'action scénique, et je me croyais doué d'une aptitude pour cela. Peut-être ai-je prouvé que cette opinion n'était pas dénuée de tout fondement. Auparavant, je n'avais tenu qu'une fois un rôle, dans une comédie dont mon frère était l'auteur. Ce furent donc, alors, mes premières expériences de la scène. A ce moment, rien ne semblait pouvoir fatiguer ma voix.

Une vraie cascade de musique s'épanchait chez nous sans interruption, jour après jour, heure après heure, ses tourbillons d'écume reflétant en nous tout un arc-en-ciel de couleurs. Nos énergies naissantes, toutes fraîches de jeunesse, stimulées par une curiosité virginale, se frayaient des avenues en tous sens. Nous voulions tout essayer, tout éprouver, et rien ne nous semblait impossible. Nous écrivions, nous chantions, nous jouions, nous nous répandions dans toutes les directions.

C'est ainsi que j'entrai dans ma vingtième année.

Mon frère conduisait le char de ces forces juvéniles qui nous traînaient en triomphe. Il était absolument intrépide. Une fois, comme j'étais à peine un adolescent et n'avais encore jamais enfourché un cheval, il me fit monter en selle et partir au galop à ses côtés, sans l'ombre d'un souci pour son petit compagnon. Au même âge, à Shelidah, (quartier général de notre domaine rural) un jour, à la nouvelle qu'un tigre avait été aperçu, je fus emmené avec l'expédition qui partit pour lui donner la chasse. Je n'avais pas de fusil — si j'en avais eu un, c'eût été plus dangereux pour moi que le tigre. — Nous nous déchaussâmes au bord de la jungle et nous y entrâmes pieds nus. Enfin, pénétrant dans un fourré de bambous en partie dépouillés de leurs verges épineuses, je trouvai moyen de me blottir derrière mon frère pendant que l'acte final s'accomplissait. Si le tigre s'était avisé de poser une patte offensive sur moi, je n'aurais pas même pu le frapper avec ma semelle.

C'est ainsi que mon frère me donnait une liberté sans bornes, tant au dehors qu'au dedans, en face de n'importe quels dangers. Ni la tradition, ni la coutume ne lui faisaient obstacle, et de cette façon il me débarrassa de toute appréhension et de ma timidité.

30. — « Chants du Soir ».

Dans l'état d'esprit que je viens de décrire, je composai un certain nombre de pièces de vers, qui ont été réunies sous le titre de *Lieux déserts du cœur* dans l'édition de mes œuvres publiée par Mohita Babu. Les lignes suivantes, contenues dans un poème publié plus tard dans mes *Chants du Matin*, suggérèrent l'idée de ce titre :

> Il existe un vaste lieu désert qui s'appelle *le Cœur* ;
> Dans sa forêt, l'entrelacement des branches berce l'obscurité comme on berce un enfant.
> J'ai perdu mon chemin dans sa profondeur.

Bien des pages écrites à cette époque, où ma vie, isolée du monde extérieur, s'absorbait dans la contemplation de mes sentiments, où mes imaginations erraient sous divers masques, parmi des émotions sans cause et des aspirations sans objet, ont été omises dans cette édition ; seuls un petit nombre de poèmes, publiés d'abord dans les *Chants du soir*, y ont trouvé place, groupés sous ce titre de *Lieux déserts du Cœur*.

Mon frère Jyotirindra étant parti pour un long voyage avec sa femme, leur appartement au troisième étage, ouvrant sur le toit en terrasse, était resté vide. Je pris possession de ces chambres et de la terrasse et passai mes jours dans l'isolement. Laissé ainsi en communion avec moi-même, je ne sais comment je glissai hors de l'ornière poétique où je m'étais enlisé. Peut-être le fait d'être séparé de ceux auxquels j'avais cherché à plaire, et d'après les goûts desquels s'était moulée la forme de ce que je tentais d'exprimer, fut-il l'occasion propice qui me libéra du style imposé par leur influence.

Je me mis à écrire sur une ardoise. Cela fut pour quelque chose dans mon émancipation. Les cahiers manuscrits dont je m'étais servi paraissaient exiger une certaine hauteur d'envolée poétique, à laquelle je m'efforçais d'atteindre en me comparant à autrui. L'ardoise, par contre, convenait à mon humeur du moment. « Ne crains rien », semblait-elle me dire, « Ecris selon ta fantaisie, un coup d'éponge emportera tout. »

Tandis qu'ainsi libéré, je composais un ou deux poèmes, je sentis une grande joie m'inonder. « Enfin, dit mon cœur, ce que j'écris est à moi ! » Que l'on se garde de prendre cette joie pour un mouvement d'orgueil. Ce sentiment, j'aurais pu l'éprouver pour mes productions précédentes, l'orgueil étant tout ce qu'elles étaient capables de m'inspirer. Mais je refuse de considérer la réalisation de soi-même comme de l'amour-propre. La joie que des parents prennent à leur premier-né ne provient pas de son apparence, mais du fait que c'est leur propre enfant. Si, par hasard, c'est un enfant extraordinaire, ils pourront aussi en tirer vanité, mais dans ce cas, ce sera un sentiment tout différent.

Dans la première expansion de cette joie, je cessai de prendre garde aux règles de la forme métrique, et comme un fleuve ne coule pas en ligne droite, mais en méandres, à son gré, il en fut de même de mes vers. Auparavant, j'aurais cru commettre un crime par cette audace, mais alors, je n'en éprouvai nulle componction. La liberté transgresse la loi, puis se fait à elle-même une loi qui s'impose. C'est la véritable autonomie.

Akshay Babu fut le seul auditeur de ces poèmes erratiques. La première fois qu'il les entendit, il fut aussi heureux que surpris et son approbation élargit encore ma route vers la liberté.

Les poèmes de Vihari Chakravarti sont écrits dans un rythme à trois temps, qui produit un effet de rondeur, contrastant avec l'effet carré des multiples de deux. Ce rythme semble rouler, glisser en cadence, en dansant au tintement des anneaux de ses chevilles.

J'avais une prédilection pour cette forme métrique, qui me rappelait la course à bicyclette plutôt que la marche. Et je m'y étais accoutumé. Dans les *Chants du Soir*, je rompis avec cette habitude et n'en contractai point d'autre. Je me sentais entièrement libre et insouciant, ne redoutant aucune réprimande.

La force gagnée dans ce travail libéré de toute entrave me fit découvrir que j'avais cherché dans maintes régions inaccessibles ce que je possédais en moi. Un manque de confiance en moi-même m'avait seul empêché de me trouver. Il me sembla m'éveiller d'un rêve d'esclavage et me voir délivré. Je fis des sauts désordonnés pour m'assurer que j'étais bien libre de mes mouvements.

Cette période fut la plus mémorable pour moi de toute ma carrière. En eux-mêmes, les *Chants du Soir* peuvent n'avoir pas grande valeur ; de fait, ils sont assez frustes. Ni le mètre, ni la langue, ni la pensée n'y ont encore trouvé leur forme définitive. Leur seul mérite, c'est que, pour la première fois, j'étais parvenu à écrire, à ma guise, ce que je voulais exprimer. Même si ces compositions étaient sans valeur, cette joie, à coup sûr, ne l'était pas.

31. — A propos de la musique vocale.

Lorsque mon père me fit revenir d'Angleterre, j'avais l'intention de me préparer pour le barreau. Des amis, regrettant de me voir cette carrière fermée, pressèrent mon père de me renvoyer à l'étranger. En suite de ces instances de leur part, je me mis en route, en compagnie, cette fois, d'un parent, pour un second voyage en Angleterre. Mais le destin avait opposé un veto si énergique à mon accès au barreau que je ne devais pas même arriver à destination. Nous nous vîmes obligés de débarquer à Madras et de revenir à Calcutta.

La cause de cette mésaventure n'était pas aussi sérieuse que le furent ses conséquences, mais comme les rieurs ne se tournèrent pas contre *moi*, je m'abstiens de la consigner ici. C'est ainsi que, de mes deux pèlerinages au sanctuaire de Lakshmi (la déesse de la richesse), il me fallut revenir bredouille. J'espère, cependant, que le dieu de la jurisprudence me voit d'un œil favorable pour n'avoir pas aggravé l'encombrement des approches du barreau.

Mon père séjournait alors sur les collines de Mussorie. Je me rendis auprès de lui avec crainte et tremblement ; mais il ne manifesta aucun déplaisir et parut même plutôt satisfait. Il doit avoir discerné dans mon retour le doigt de la divine Providence.

La veille de mon départ pour ce voyage, je fis une conférence à l'Aula de l'Ecole de Médecine, sur l'invitation de la Société Béthune. Le Révérend K. M. Banerij présidait la séance. Le sujet de mon discours était la Musique. Je parlais en public pour la première fois.

Laissant de côté la musique instrumentale, je m'attachai à démontrer que la musique vocale a pour but de mieux faire entendre ce que les paroles veulent exprimer. Le texte de mon discours était assez maigre, mais j'illustrai le sujet par des chants et des déclamations. La seule justification des éloges flatteurs que le président m'adressât ensuite, doit avoir été l'effet de ma voix juvénile joint à l'ardeur de mon exposé et à la diversité de mes efforts. Mais je dois confesser aujourd'hui que les vues, énoncées ce jour-là avec tant d'enthousiasme, étaient erronées.

L'art de la musique vocale a ses fonctions spéciales et ses traits individuels. Quand il se trouve associé à des paroles, celles-ci ne doivent pas s'en prévaloir pour dominer la mélodie, dont elles ne sont que le véhicule. Si le chant est beau par lui-même, pourquoi se soucierait-t-il des paroles ? Bien plutôt, la musique commence là où les mots font défaut. Sa puissance réside dans la région de l'inexprimable ; elle dit ce que les paroles ne sauraient dire.

En conséquence, moins un chant est alourdi par des mots, meilleur il est. Dans le style classique de l'Hindoustan (1) les paroles sont insignifiantes ; elles laissent la musique s'acquitter de son message à sa guise. C'est quand la forme mélodique s'y déploie le plus librement que la musique vocale atteint à la perfection de son genre. Alors elle entraîne nos perceptions jusqu'à sa propre hauteur.

(1) Distingué en général des styles de province, mais surtout du style dravidien, qui prévaut dans le Sud.

Au Bengale, par contre, les paroles se sont toujours affirmées au point que notre chant n'a pas développé la plénitude de ses capacités musicales. Il s'est contenté de rester l'acolyte de la poésie. Depuis les vieux chants Vaishnava jusqu'à ceux de Nidhu Babu, la musique vocale, dans notre province, n'a révélé que des beautés de second ordre. Cependant comme, chez nous, la femme gouverne son époux tout en se reconnaissant dans sa dépendance, notre musique, bien que professant de n'être que la servante de la poésie, finit par en être la reine.

Je l'ai souvent constaté en composant mes propres chants. Comme je fredonnais à part moi, en écrivant ces lignes :

> Ne garde pas ton secret pour toi seule, mon amour,
> Murmure-le doucement à mon oreille, à moi seul.

je sentis que les mots n'avaient aucun moyen d'atteindre par eux-mêmes la région où la musique les entraînait. La mélodie suggérait que ce secret, que j'étais si importunément désireux d'entendre, était mêlé au mystère verdoyant des clairières dans la forêt, qu'il était trempé dans la blancheur silencieuse des nuits de lune, qu'il regardait à la dérobée au travers du voile bleu sans limite au dessus de l'horizon, et que c'était un des secrets intimes de la Terre, du Ciel et des Eaux.

Dans ma première jeunesse, j'entendis un jour quelques notes d'un chant :

> Qui t'a vêtue, mon amour, comme une étrangère ?

Ce fragment fit surgir de si merveilleuses images

dans mon esprit qu'il me hante encore aujourd'hui. Une fois, je me mis à écrire des paroles pour une de mes compositions, tandis que l'écho de ce passage résonnait en moi. En le fredonnant, j'écrivis ces paroles :

Je te connais, ô Femme d'un pays étrange !
Ta demeure est sur l'autre rive de la mer...

Sans musique, je ne sais quelle forme aurait pu prendre le reste du poème. Mais la magie de la mélodie fit apparaître l'étrangère dans toute sa grâce captivante. C'est elle, me dit mon âme, celle qui vient et qui s'en va, la messagère d'un autre rivage de l'océan de mystère. C'est elle que nous apercevons quelquefois au travers des matins d'automne mouillés de rosée ou des nuits embaumées du printemps, dans le tréfonds de notre cœur. Parfois nous nous soulevons dans les airs pour l'entendre chanter. Ainsi la mélodie me transporta jusqu'au seuil de cette étrangère charmeuse, et le reste du poème lui fut adressé.

Longtemps après, dans une rue de Bolpur, j'entendis un mendiant chanter en marchant :

Comment l'oiseau inconnu voltige-t-il
dans sa cage et hors de sa cage ?
Ah ! si je pouvais le retenir, mon amour
mettrait un anneau à ses pieds !

Je compris que ce *Baul* exprimait le même sentiment. L'oiseau exotique, entre les barreaux de sa cage, veut bien gazouiller parfois quelque chose de l'inconnu lointain. Mais si le cœur veut le garder auprès de lui pour toujours, il sent que c'est impossible.

Qu'est-ce qui pourrait exprimer ces départs et ces retours, sinon la musique ?

C'est pourquoi j'ai toujours de la répugnance à publier dans des livres les paroles de mes chants sans leur mélodie ; il me semble que l'âme doit en être absente.

32. — Bords de rivière.

Quand je revins de ce début manqué d'un second voyage en Angleterre, mon frère Jyotirindra et sa femme séjournaient à Chandernagor, dans une villa où j'allai les rejoindre.

C'était de nouveau la rive du Gange ! De nouveau des jours et des nuits ineffables, pleins d'heureuse langueur et d'ardente aspiration, auprès de l'eau qui fuyait en bouillonnant sous l'ombre fraîche de ses berges boisées. Le ciel lumineux du Bengale, la brise du sud, le courant du fleuve, cette nonchalance royale, ce vaste loisir s'étendant d'un horizon à l'autre et de la terre verte au bleu du ciel, tout cela offrait nourriture et breuvage à l'affamé et l'altéré que j'étais. J'y trouvais ma vraie demeure et je me sentais là comme enveloppé dans les bras d'une Mère.

Il ne s'est pas écoulé beaucoup d'années depuis lors ; cependant le temps a bien changé ces lieux. Nos petits nids blottis dans la verdure au bord de l'eau ont été délogés par des usines qui dressent leurs têtes en sifflant et en vomissant la fumée, comme des dragons. Aux aveuglants midis de la vie moderne, nos heures de sieste mentale ont été réduites à l'extrême limite minimale, et — telle une hydre — l'inquiétude a envahi tous les domaines de l'existence. Peut-être cela est-il pour le mieux, mais moi — fussé-je seul à penser ainsi — je ne puis y reconnaître un progrès à tous égards.

Mes jours exquis sur ce bord de rivière s'écoulèrent comme autant de fleurs de lotus flottantes, jetées en offrande au fleuve sacré. Quelques après-midis pluvieuses se passèrent à chanter, accompagné par l'harmonium, de vieux poèmes Vaishnava sur des airs de ma composition. D'autres fois, nous voguions sur la rivière, au fil de l'eau, et mon frère accompagnait mes chants de son violon. Commençant par le mode *Puravi* (1), nous poursuivions de mode en mode, à mesure que déclinait la journée, et nous arrivions au mode *Behaga* comme le ciel d'occident fermait les portes de sa fabrique de jouets d'or, et comme à l'orient la lune montait au dessus de la frange des bois.

Alors nous prenions les rames et revenions aborder aux marches de la villa, pour aller nous asseoir sur la couverture étendue sur la terrasse vis à vis du fleuve. Une paix argentée reposait sur la terre et sur l'eau, peu d'embarcations étaient en vue, la ligne frangée des arbres sur le rivage n'était plus qu'une ombre et le clair de lune frémissait sur le courant lisse de l'eau.

La villa que nous habitions s'appelait « Jardin de Moran ». Un escalier de pierre montait du fleuve à une longue et spacieuse véranda faisant partie de la

(1) Beaucoup des modes classiques de l'Hindoustan sont censés convenir particulièrement à certaines saisons de l'année ou à certaines heures du jour

maison. Les pièces de l'appartement n'étaient pas régulièrement alignées, ni même toutes sur le même niveau. A quelques-unes, on montait par des marches. Le vaste salon, s'ouvrant sur l'escalier du débarcadère, avait des fenêtres à vitraux de couleur représentant des tableaux. L'un de ceux-ci figurait une balançoire à demi cachée dans le feuillage où, parmi des taches d'ombre et de lumière, deux personnes se balançaient. Sur un autre vitrail on voyait un large escalier conduisant au perron d'un palais et sur les marches duquel des hommes et des femmes en habits de fête allaient et venaient. Aux rayons du soleil, ces vitraux avaient un éclat splendide et remplissaient l'atmosphère comme d'une musique de fête, rappelant des réjouissances lointaines, depuis longtemps oubliées. Les accents d'amour du couple enlacé sur la balançoire animaient les bosquets de la berge de leur éternel refrain.

La chambre haute de la villa se trouvait dans une tour ronde, dont les fenêtres s'ouvraient dans toutes les directions. C'est là que je composais mes poèmes. On ne voyait de là-haut que le sommet des arbres et le vaste ciel. J'écrivais alors les *Chants du Soir* où, de cette chambre, je disais :

Là, où s'étendent pour dormir les nuages de l'espace sans [bornes
J'ai bâti ma maison pour toi, Poésie !

33. — Encore les « Chants du Soir. »

A ce moment, ma réputation dans les milieux littéraires était celle d'un poète au rythme inégal, dont le style n'était qu'un balbutiement. Tout, dans mes œuvres, était jugé nuageux et indécis. Quelque peu que je goûtasse alors cette appréciation, la critique était fondée. Il manquait, en effet, au corps de ma poésie l'épine dorsale des réalités de ce monde. Où en aurais-je trouvé la substance dans la réclusion totale de mes jeunes années ? Par contre, je refuse d'admettre que ce vague fût une affectation de ma part, comme quelques-uns l'insinuaient. L'heureux propriétaire d'une bonne vue tourne volontiers en ridicule un jeune porteur de lunettes, comme si celui-ci s'en affublait en guise d'ornement. Il est loisible de faire allusion à l'infirmité du pauvre diable, mais on ne peut sans cruauté l'accuser de feindre de ne pas voir.

La nébulosité n'est pas étrangère à la nature ; elle en représente une phase. Exclure toute poésie qui n'atteint pas à la pleine clarté, ce ne serait pas s'orienter, en littérature, vers le vrai. Lorsqu'une phase quelconque de la vie humaine a trouvé son expression juste, celle-ci est digne d'être consignée. On ne doit rejeter en principe que ce qui est mal exprimé. A certains moments, nos sentiments sont pathétiques, parce que inexprimables : nous éprouvons l'angoisse du vague. La poésie qui veut exprimer cela n'est pas sans raison d'être ; il peut arriver qu'elle soit médiocre, mais ce n'est pas nécessairement le cas. Le péché, en littérature, n'est pas dans l'état d'esprit qui s'exprime, il est dans l'expression défectueuse de cet état.

Il y a en nous un dualisme. L'être intérieur, caché sous le flot des pensées, des sentiments et des contingences extérieures, reste peu connu ; on en tient peu de compte. Pourtant on ne saurait en faire abstraction au cours du développement. Quand la vie extérieure est en désaccord avec celle du dedans, l'être intime souffre et sa plainte s'exhale d'une manière indescriptible, plus semblable à des gémissements inarticulés qu'à une expression verbale.

La tristesse et la souffrance qui cherchaient à se manifester dans mes *Chants du Soir* avaient leur cause au plus profond de mon être. Comme on lutte sous le poids d'un cauchemar en se débattant pour se réveiller, ainsi lutte le moi submergé pour s'affranchir de ses complexités en se révélant. Ces *Chants* ne sont autres que l'histoire de cet effort. Comme toute autre création, la poésie contient une opposition de forces. Si la divergence entre ces forces est inconciliable, ou si elles se rapprochent trop de l'identité, il n'y a plus, me semble-t-il, de place pour la poésie. Mais quand la douleur de la discordance cherche à se résoudre en une harmonie et s'efforce de lui donner expression, la poésie devient musicale, de même que le souffle qui passe au travers d'une flûte devient musique.

Quand les *Chants du Soir* virent le jour, ils ne furent pas accueillis par une fanfare de trompettes ; néanmoins les admirateurs ne lui firent pas défaut. J'ai conté ailleurs comment, aux fêtes du mariage de la fille aînée de M. Ramesh Chandra Dutts, Bankim Babu se présentant à la porte, l'amphytrion l'accueillit, comme il est d'usage, en lui offrant une guirlande de fleurs. Me voyant venir à mon tour, Bankim Babu prit vivement la guirlande et me la mit autour du cou, en disant : « C'est à lui qu'appartient cette couronne, Ramesh. N'avez-vous pas lu ses *Chants du Soir* ? » M. Dutts avouant qu'il ne les connaissait pas encore, Bankim Babu proclama son appréciation de quelques-uns de ces chants en des termes qui me récompensèrent amplement.

Les *Chants du Soir* me valurent aussi une amitié dont l'influence, comme les rayons d'un soleil, stimula et guida les pousses bourgeonnantes de mes jeunes efforts. Ce fut celle de Babu Priyanath Sen. Peu auparavant, le *Cœur Brisé* lui avait fait perdre les espérances qu'il avait conçues à mon sujet. Je reconquis son estime par les *Chants du Soir*. Ceux qui connaissent cet homme savent qu'il est un navigateur de première force sur les sept mers (1) de la littérature, dont il parcourt les routes connues et peu connues dans presque toutes les langues hindoues et étrangères. S'entretenir avec lui, c'était obtenir des coups d'œil sur les horizons les plus ignorés du monde des idées. Tel fut mon inestimable privilège. Ses opinions littéraires s'exprimaient en toute assurance, car il n'en était pas réduit à ses propres goûts seulement, pour motiver ses impressions. L'autorité de sa critique me fut plus profitable que je ne saurais dire. Je lui soumettais tout ce que j'écrivais. Qui peut dire si, privés des averses opportunes de ses appréciations hautement compétentes, mes champs labourés auraient produit les récoltes qu'ils ont fournies.

(1) Les contes de fées apprennent aux enfants de l'Inde que le monde a sept mers et treize rivières. (*Trad.*)

34. — « Chants du Matin ».

Pendant ce séjour au bord de la rivière, j'écrivis aussi de la prose, non pas sur un sujet ni sur un plan déterminé, mais comme un écolier qui attrape des papillons. Quand le printemps est là, mille fantaisies éphémères naissent et voltigent, souvent inaperçues, aux alentours de notre esprit. En ces jours de loisir, c'était peut-être l'humeur du collectionneur qui me portait à les rassembler, ou encore c'était une phase de l'émancipation qui me poussait à écrire tout ce qui me passait par la tête. Plus tard, ces compositions en prose furent publiées sous le titre de *Vividha Prabandha* (Sujets divers), mais après une première édition, elles rendirent l'âme sans reprendre leur souffle pour une seconde.

A ce moment-là, je commençai aussi à écrire mon premier roman *Bauthakuranir Hat.*

Après avoir passé quelque temps au bord de la rivière, mon frère loua une maison à Calcutta, à Sudder Street, près du Musée. J'y demeurai avec lui. Pendant que je travaillais à mon roman et à mes *Chants du Soir*, une révolution extraordinaire s'accomplit en moi.

Comme je marchais un jour sur la terrasse de notre maison, tard dans l'après-midi, l'ardeur du couchant et la pâleur blême du crépuscule se combinèrent pour donner à l'approche du soir un aspect de beauté extraordinaire et un charme inconnu. Les murs mêmes de la maison voisine me parurent transfigurés. Était-ce la magie du couchant qui opérait ce miracle, en soulevant le voile de trivialité du monde ordinaire ? Non pas. J'en discernai la cause dans l'impression produite par ce spectacle au dedans de moi : il avait effectué une éclipse de la conscience de moi-même. Auparavant, tout le long de la vie journalière, mon moi encombrait ma conscience ; tout ce que je percevais était altéré et recouvert par lui. En cet instant, par contre, le moi venait d'être refoulé à l'arrière-plan et j'apercevais le monde sous son aspect véritable. Il n'avait plus rien de trivial, il rayonnait de beauté et de joie.

Averti par cette expérience, je m'attachai à faire abstraction volontaire de mon moi, en contemplant le monde en spectateur. J'y trouvai un sentiment de satisfaction intense. Je tâchai d'expliquer ce fait à l'un de mes proches, en lui montrant comment voir le monde à sa vraie lumière, et en lui décrivant le sentiment d'allégement de notre fardeau personnel, qui résulte de cette vision ; mais je ne parvins pas à me faire comprendre.

Peu après, cependant, il me fut donné une perception plus profonde, qui demeura mienne toute ma vie.

On voyait de notre maison l'extrémité de la rue et les arbres du parc de l'École Libre. Un matin, debout sous la véranda, je regardais de ce côté quand le soleil se leva sur les couronnes feuillées des arbres. Comme je continuais à le contempler, un voile sembla tomber de devant mes yeux. J'aperçus le monde baigné dans une splendeur incomparable, des flots de beauté et de joie se soulevant de toutes parts. Cette vision traversa en un instant les replis de tristesse et de découragement qui avaient enveloppé mon cœur et l'inonda d'une lumière universelle.

Ce même jour, un poème, *Le Réveil de la cascade*, surgit en moi et s'élança d'un seul jet, comme une cascade véritable. Le poème terminé, le voile ne retomba pas sur l'aspect bienheureux de l'univers. Aucune personne, aucune chose ne me semblait plus triviale ni déplaisante. Le lendemain ou le jour suivant, il se produisit un incident qui me frappa.

Il y avait un curieux personnage qui venait me voir de temps en temps et qui avait l'habitude de poser toutes sortes de questions absurdes. Un jour, par exemple, il m'avait demandé : « Avez-vous jamais vu Dieu, Monsieur, de vos propres yeux ? » Et, comme je devais lui répondre négativement, il déclara que lui l'avait vu. « Et qu'avez-vous vu ? » demandai-je. — « Il s'agitait convulsivement et palpitait sous mes yeux. »

Vous pouvez vous imaginer qu'on ne tenait pas à se livrer à des discussions profondes avec un pareil individu. De plus, j'étais, à ce moment-là, entièrement absorbé par mon travail. Néanmoins, comme c'était un être inoffensif, je ne voulais pas lui faire de la peine, et je le supportais de mon mieux.

Ce jour-là, quand je le vis paraître, je me sentis réellement content de le voir et je lui souhaitai une cordiale bienvenue. Le manteau de sa bizarrerie et de sa sottise semblait avoir glissé de ses épaules, et l'homme que j'accueillais si joyeusement était l'être véritable, que je sentais ne m'être en rien inférieur et qui, de plus, m'était étroitement apparenté. Ne découvrant en moi aucune trace de déplaisir en le voyant, ni aucun sentiment que je perdais mon temps, je fus rempli d'une immense joie, et je me sentis délivré du tissu de mensonges qui m'avait causé tant de désagréments et de tourments inutiles.

La démarche, la tournure, le visage de chacun des passants que je suivais des yeux du haut du balcon, m'apparaissaient merveilleux de beauté, comme autant de vagues sur l'océan du monde créé. Jusqu'à ce moment, je n'avais regardé qu'avec mes yeux ; à présent, je voyais avec la totalité de ma conscience. Deux jeunes gens passaient nonchalamment, le bras de l'un posé sur l'épaule de l'autre. Je n'y voyais plus rien d'insignifiant. Au travers d'eux, mon regard plongeait comme dans la profondeur d'une source éternelle de joie, d'où le rire, telle une écume, s'élançait en fusée. Je n'avais jamais remarqué le jeu des lignes qui accompagne les mouvements des membres, aux moindres actions des hommes ; maintenant j'étais sous le charme de leur variété, qui partout me frappait. Je n'observais pas ces choses isolément, mais associées et composant ensemble une grande et merveilleuse danse rythmée embrassant le monde des hommes, dans leurs demeures, dans leurs travaux et leurs activités. L'ami sourit à un ami, une mère caresse son enfant, une vache est couchée à côté d'une autre et lui lèche le flanc, et, à l'arrière-plan de tout cela, quelque chose d'incommensurable frappe mon âme par contact direct, avec une force presque douloureuse.

Lorsque j'écrivis les lignes suivantes, en faisant allusion à cette période :

Je ne sais comment mon cœur ouvrit soudain ses portes
Et laissa entrer la foule des mondes, se pressant et se saluant l'un l'autre...

ce n'était nullement une exagération poétique. Bien plutôt, j'étais impuissant à exprimer ce que j'éprouvais.

Je demeurai quelque temps sans interruption dans cet état de béatitude et d'oubli de moi-même. Puis mon frère projeta un voyage aux collines du Darjeeling. Tant mieux, pensai-je ; sur ces vastes hauteurs de l'Himalaya, je discernerai mieux encore ce qui m'a été révélé à la Sudder Street. En tout cas, je verrai comment l'Himalaya se déploie devant ma nouvelle vision.

Mais la petite maison de Sudder Street garda son privilège. Quand, du sommet des montagnes, je jetai les regards autour de moi, je sentis d'emblée que j'avais perdu ma vision nouvelle. L'erreur était sans doute d'avoir cru que plus de vérité pourrait me venir du dehors. Le roi des sommets pouvait percer de son pic le firmament sans avoir rien à m'offrir, tandis que le Dispensateur des dons pouvait en un clin d'œil faire resplendir la vision dans la plus obscure des ruelles.

J'errai parmi les sapins, je m'assis au bord des cascades et je m'y baignai, je contemplai la grandeur du Kichinjunga dans un ciel immaculé, et, dans ces lieux qui semblaient devoir lui être si propices, je ne retrouvai pas la vision. Pendant que j'admirais le joyau, le couvercle était retombé brusquement et je restais devant la cassette fermée ; mais, quelque parfaites qu'en fussent les ciselures, je ne risquais plus de la prendre jamais pour une boîte vide.

Mes *Chants du Matin* s'achevèrent, leur ultime écho expirant avec *L'Echo*, écrit à Darjeeling. Ce dernier poème dut paraître complètement énigmatique, car deux amis firent un pari l'un avec l'autre au sujet de sa signification. Lorsqu'ils vinrent ensemble chercher auprès de moi la solution de leur différend, je fus incapable de leur interpréter l'énigme, et j'eus ainsi la consolation de voir qu'aucun des deux parieurs ne perdait son argent en perdant son pari.

Hélas, ils étaient bien passés pour jamais, les jours où j'écrivais des poèmes excessivement compréhensibles, par exemple : *Le Lotus*, ou *Un Lac*.

Mais écrit-on de la poésie pour expliquer n'importe quoi ? Ce qui a été éprouvé par le cœur cherche à prendre forme au dehors en un poème. Quand, après l'avoir entendu, quelqu'un dit qu'il n'a pas compris, je me sens réduit au silence. Si vous aspirez le parfum d'une fleur et dites : « Je ne comprends pas », la réponse, c'est : il n'y a rien à comprendre, ce n'est qu'un parfum. Et si vous insistez cependant, en disant : « Je le sais bien, mais qu'est-ce que tout cela signifie ? » il ne reste qu'à changer de sujet, ou à devenir plus incompréhensible encore, en affirmant que le parfum, c'est la forme que prend la joie universelle dans une fleur.

La difficulté, justement, c'est que les mots ont une signification. Aussi le poète est-il obligé de les disposer et de les entrelacer en des vers, selon des modes métriques, pour que leur signification s'atténue un peu et que le sentiment puisse se faire jour.

L'expression d'un sentiment, ce n'est pas l'exposé d'une vérité fondamentale, ni l'énoncé d'un fait scientifique ou d'un précepte de morale. Comme une larme, comme un sourire, ce n'est qu'une image de ce qui se passe au dedans. La science ou la philosophie y trouvent-elles quelque chose à glaner, soit. Mais ce n'est pas le but poursuivi. En passant l'eau dans un bac, si vous attrapez un poisson, vous avez de la chance ; il ne s'en suit pas, toutefois, qu'un bac soit un bateau de pêche et personne ne reproche au batelier de ne pas exercer le métier de pêcheur.

Il y a trop longtemps que *L'Echo* parut pour que ce poème ait retenu l'attention, et je n'ai plus à rendre compte de ce qu'il signifie. Cependant, quels qu'aient été ses mérites et ses démérites, je puis assurer le lecteur que mon intention n'était pas, en l'écrivant, de proposer une énigme ni de faire entendre, de façon détournée, un enseignement érudit. Un désir était né en moi. Ne trouvant pas d'autre nom à lui donner, je l'avais appelé *L'Echo*.

Quand, de leur source première au centre intime de l'univers, jaillissent des ruisseaux de mélodie, l'écho en parvient à nos cœurs renvoyé par les visages de nos bien-aimés et par les autres objets de beauté qui nous entourent. Ce doit être cet écho que nous aimons, suggérais-je, plutôt que les intermédiaires qui, par hasard, nous le renvoient, puisque telle chose qu'un jour nous nous soucions peu de voir, peut devenir, un autre jour, pour nous, l'objet d'une dévotion fervente.

J'avais si longtemps contemplé le monde par mes yeux extérieurs que j'étais resté incapable de l'apercevoir sous son aspect universel de joie. Quand soudain, du fond le plus secret de mon être, un rayon de lumière trouva issue au dehors, il se répandit tout alentour et illumina l'univers entier. Le monde cessa de m'apparaître comme un amoncellement de choses et d'événements, il se révéla comme un tout. Cette expérience me fit connaître le flot de mélodie qui émane du cœur de l'univers et qui s'épanche dans l'espace et dans le temps, faisant naître partout des échos, vagues de joie qui retournent droit à leur source.

Quand l'artiste élève la voix du fond de son cœur débordant, son chant, c'est de la joie authentique. Et cette joie redouble quand ce même chant revient à l'oreille de son auteur. De même, quand la création renvoie un flot de joie à l'Artiste suprême, si nous en laissons s'inonder notre conscience, nous apercevons aussitôt, de façon inexprimable, vers qui se dirige ce flot. Et, comme nous le réalisons, l'amour prend en nous son essor, et notre moi se dégage de ses amarres pour s'associer au flot de la joie et se porter avec lui vers son but infini. Tel est le sens du désir qui nous émeut en face de la Beauté.

Le flot qui vient de l'Infini et qui va vers le Fini, c'est la Vérité, la Bonté. Il a ses lois et ses formes déterminées. Son écho, qui retourne à l'Infini, c'est la Beauté, la Joie, toutes deux intangibles et insaisissables, et qui nous transportent hors de nous-mêmes. C'est ce que j'essayais de dire en paraboles par le chant de *L'Echo*. Il n'est pas étonnant que le résultat de cet essai ne fut pas clair, puisque la tentative elle-même ne l'était pas.

Voici ce que j'écrivais plus tard, dans une lettre, à propos des *Chants du Matin* :

« Il n'y a rien dans le monde ; tout est dans mon cœur », dit l'homme à un certain âge. Quand son cœur s'est éveillé, il ouvre les bras pour saisir le monde entier ; tel le petit enfant, pendant la dentition, croit que tout est destiné à être porté à sa bouche. Par degrés, l'homme en vient à distinguer ce qu'il lui faut de ce qui lui est inutile. Alors les vapeurs nébuleuses qu'émettait son cœur se condensent, produisent de la chaleur et en exhalent.

Vouloir le monde entier, c'est ne pouvoir rien atteindre. Mais quand le désir se concentre et s'oriente de toute sa force vers un but déterminé, une porte d'accès à l'infini devient visible. Les *Chants du Matin* étaient le premier élan de mon cœur au dehors. C'est pourquoi on n'y trouve encore aucun signe de cette concentration.

Cependant la joie universelle de ce premier élan nous dispose à prendre connaissance des choses spécialisées. Un lac débordant cherche une issue par où s'épancher en rivière. Dans un sens, cet amour spécialisé est plus étroit que le premier amour universel ; mais il est mieux défini dans sa direction et, cherchant à réaliser le tout dans ses parties, il poursuit néanmoins son élan vers le grand but. Ce qu'il atteint enfin, ce n'est plus l'expansion indéfinie de la joie du cœur, c'est une immersion de cette joie dans la réalité, qui lui était extérieure ; c'est ainsi que se réalise le plus pleinement la première aspiration.

Dans l'édition de Mohita Babu, ces *Chants du Matin* sont groupés avec les poèmes intitulés *Nishkram* (L'émergence). C'est qu'en eux, en effet, se manifeste ma sortie des *Lieux déserts du Cœur* et mon entrée dans le vaste monde extérieur. Désormais ce cœur pèlerin a dû prendre connaissance de ce monde, petit à petit, partie après partie, sous ses aspects multiples et dans ses diversités d'humeur. A la fin, après avoir dépassé de nombreux ports, abordant à des destinations sans permanence, le vaisseau parviendra au but, qui sera, non pas le vague de possibilités indéterminées, mais la consommation de la Vérité dans sa plénitude.

Dès mon enfance, j'avais connu la communion avec la nature, simple et intime. Chacun des cocotiers de notre jardin avait pour moi une personnalité distincte. Quand, revenant de l'École Normale, je voyais derrière la ligne de notre toit des nuages gris-bleus, chargés de pluie, amoncelés en masses épaisses, j'éprouvais une immensité de contentement si profonde que je la ressens encore par le souvenir. Lorsque j'ouvrais les yeux, chaque matin, le monde, s'éveillant gaîment, m'appelait à jouer avec lui comme un camarade. Le ciel ardent de midi, durant les longues veilles silencieuses de la sieste, me portait loin de l'agitation tumultueuse vers les retraites des ermitages ; et l'obscurité des nuits m'ouvrait la porte des sentiers fantastiques et m'emmenait jusqu'aux sept mers et aux treize rivières, au travers de choses possibles et impossibles, tout droit au pays des merveilles.

Mais un jour, quand à l'entrée de la jeunesse, mon cœur affamé clama pour son aliment, une cloison s'éleva entre mon âme et le monde. Tout mon être se mit à évoluer autour de mon cœur troublé, en un vortex dans les anneaux duquel ma conscience fut emprisonnée. Le regret de l'harmonie perdue, de la communion interrompue, s'exprime avec douleur dans les *Chants du Soir*. Dans les *Chants du Matin*, par contre, on voit s'ouvrir la porte qui, perçant soudain la cloison de mon isolement, me rendit mon privilège, non pas tel qu'autrefois je l'avais possédé, mais plus complet, plus parfait après la privation momentanée.

Ainsi, par ces chapitres d'union, de séparation, et de réunion, se termina le premier livre de ma vie. Ou plutôt, il n'est pas vrai de dire qu'il se termina, car il se continue encore sur le même thème, au travers des solutions plus laborieuses de problèmes encore plus complexes, vers une plus vaste conclusion.

Les écrits en prose de la période des *Chants du Soir* furent, je l'ai dit, publiés sous le nom de Vividha Prabandha. D'autres, de l'époque des *Chants du Matin*, parurent sous le titre de *Alochana* (Discussions). La comparaison des traits caractéristiques de ces deux séries donnerait une idée juste du changement qui s'était accompli en moi entre les dates de leur composition.

35. — **Rajendrahal Mitra.**

C'est à ce moment à peu près que mon frère Jyotirindra conçut l'idée de fonder une Académie littéraire qui réunirait dans son sein tous les hommes de lettres de réputation. Le but de cette institution devait être de compiler des termes techniques pouvant être assimilés avec autorité à la langue bengali, et en général, de favoriser de toutes manières le développement de cette langue. Ce dessein différait peu de celui que se propose aujourd'hui l'Académie de Littérature *Sahitya Parishat.*

Le Dr Rajendrahal Mitra accueillit avec enthousiasme l'idée de cette fondation et il en fut le président pendant la brève durée de son existence. Lorsque je me rendis auprès du Pandit Vidyasagar pour obtenir son adhésion à l'entreprise, il prêta l'oreille à l'exposé du but proposé et aux noms des personnes dont on désirait la collaboration, puis il me dit : « Le conseil que je vous donne, c'est de nous laisser de côté. Vous n'accomplirez absolument rien avec les grosses perruques ; elles ne parviennent jamais à s'entendre. » Là-dessus, il nous refusa sa participation. Bankim Babu, par contre, consentit à devenir membre, mais je ne puis dire qu'il prît grand intérêt à l'initiative.

En réalité, tant que dura cette Académie, Rajendrahal Mitra en accomplit le travail à lui tout seul. Il commença par les termes géographiques, en dressa une liste et la fit imprimer et circuler parmi les membres, pour recueillir leurs suggestions. Nous projetions aussi de modifier l'orthographe des noms de pays étrangers, afin de mieux rendre en bengali la prononciation de ces noms dans leurs langues respectives.

La prophétie de Vidyasagar se réalisa. Il fut impossible de rien obtenir des grosses perruques. Et l'Académie expira peu après avoir vu le jour. Mais Rajendrahal Mitra était un expert si universel qu'il constituait à lui seul une académie. Je fus plus que dédommagé de mes labeurs pour cette entreprise par le privilège de le connaître. J'ai rencontré dans mon temps beaucoup d'hommes de lettres au Bengale, mais aucun d'eux ne possédait un prestige aussi brillant. Je lui rendais souvent visite à son bureau de la Chambre des Tutelles à Maniktala, et je l'y trouvais le matin occupé à ses études. Avec l'irréflexion propre à la jeunesse, je n'hésitais pas à le déranger ; mais jamais je ne le vis indisposé le moins du monde par mon indiscrétion. A peine m'avait-il aperçu qu'il mettait de côté son travail pour m'adresser la parole. On n'ignore pas qu'il était un peu dur d'oreille ; aussi me donnait-il rarement l'occasion de lui poser une question. Il abordait de suite quelque vaste sujet et se mettait à m'en entretenir. C'était l'attrait de ces discours qui me poussait à le visiter si souvent. Jamais la conversation d'aucune autre personne ne me donna pareille abondance d'idées suggestives sur une telle variété de sujets. Je l'écoutais fasciné.

Il était, je crois, membre de la Commission des Manuels d'enseignement, et chaque livre soumis à son approbation était lu d'un bout à l'autre et annoté de sa main. Parfois il prenait l'un de ces ouvrages comme texte pour m'exposer ses idées sur la construction de notre langue en particulier, ou sur la philologie générale. J'en tirais le plus grand profit. Il y avait peu de sujets qu'il n'eût approfondis et il savait présenter clairement tout ce qu'il avait étudié.

Si, au lieu d'espérer quelque chose des autres membres de l'académie, nous avions tout laissé au Dr Rajendrahal, la *Sahitya Parishat* actuelle aurait trouvé beaucoup plus avancées les choses dont elle s'occupe aujourd'hui.

Le Dr Rajendrahal Mitra n'était pas seulement un profond érudit ; il était une personnalité marquante, et sa haute distinction rayonnait au travers des traits de son visage. Plein de feu dans la vie publique, il savait néanmoins se détendre avec une parfaite bonne grâce pour parler des sujets les plus difficiles avec un jouvenceau comme moi, sans le moindre ton de condescendance. Je me prévalus même de sa bonté jusqu'à obtenir de lui une contribution, *Le Chien de Yama*, pour le *Bharati*. Je n'aurais pas osé m'enhardir à ce point vis à vis d'autres grands lettrés, ses contemporains, et si je m'y étais aventuré, je n'aurais pas reçu un accueil semblable.

Cependant quand il était impliqué dans une controverse, ses adversaires dans la Corporation Municipale ou au Sénat universitaire le redoutaient mortellement. A ce moment-là, le grand homme politique était Kristo Das Pal, mais le combattant le plus formidable était Rajendrahal Mitra.

Pour les travaux de la Société Asiatique de publications et de recherches, il devait employer un certain nombre de Pandits Sanscrits auxquels il distribuait les besognes préparatoires. Des détracteurs envieux et mesquins en prirent occasion pour prétendre que tout le travail, en réalité, était fait par ces Pandits, et que Rajendrahal s'en attribuait faussement le crédit. Aujourd'hui encore, nous voyons des outils s'arroger quelquefois la part du lion dans le mérite d'un travail accompli, en s'imaginant que celui qui les tient en main n'est qu'un accessoire d'ornement. Une plume, si elle savait penser, pourrait aussi se plaindre de recevoir toutes les taches d'encre, tandis que l'écrivain recueille toute la gloire !

Il est singulier que cet homme extraordinaire ait été l'objet, de la part de ses concitoyens, de si peu d'appréciation après sa mort. Une des raisons de cette anomalie fut peut-être la manifestation nationale qui suivit la mort de Vidyasagar, survenue très peu après, et qui détourna l'attention de tout autre deuil. Ou encore, les travaux de Rajendrahal Mitra ayant été en dehors du domaine de la littérature du Bengale, ne lui avaient peut-être pas donné l'occasion de gagner le cœur du peuple.

36. — Karwar.

Notre famille de Śudder Street se transporta ensuite à Karwar, sur la côte occidentale de l'Hindoustan. Karwar est le centre du district de Kanara, dans la partie méridionale de la Présidence de Bombay. C'est la région des collines Malaya, dont il est question dans la littérature sanscrite, et où croissent le cardanum grimpant et l'arbre de sandal. Mon second frère exerçait à Karwar les fonctions de juge.

La petite baie, entourée par sa couronne de collines, est si éloignée du mouvement qu'elle ne fait nullement l'impression d'être un port. La plage, en forme de croissant de lune, ouvre ses deux bras à la grande mer ; c'est l'image même d'une aspiration qui veut embrasser l'infini. La rive sablonneuse est frangée d'une forêt de casuarinas, interrompue par le cours de la rivière Kalanadi, qui vient se jeter dans la mer après avoir traversé une gorge entre deux rangées de collines.

Un soir de clair de lune, nous remontâmes cette rivière en petit bateau. Débarquant à l'un des anciens forts de Shivaji, nous trouvâmes notre chemin jusqu'à la cour proprement balayée d'une maison de paysan. Là, sur une place illuminée par la lune, nous nous assîmes pour partager les vivres apportés avec nous. Au retour, notre bateau, abandonné au courant, descendit la rivière au fil de l'eau. La nuit étendait ses ailes sur les collines, sur les forêts immobiles et sur le cours silencieux de la petite Kalanadi, en répandant sur tout cela le charme de la clarté lunaire. Nous fûmes longs à gagner l'embouchure du cours d'eau et, renonçant alors à revenir par mer, nous abordâmes sur la plage et nous mîmes à marcher sur le sable. Il était tard dans la nuit, pas un frémissement ne passait sur la mer, et le murmure perpétuel des casuarinas lui-même s'était tu. L'ombre de la frange d'arbres, tout le long de la vaste étendue sablonneuse, reposait immobile, et le cercle de collines gris-bleues à l'horizon dormait calmement sous le ciel. Au travers du profond silence de cette blancheur sans limites, nous marchions tous trois à côté de nos ombres, sans prononcer une parole. A l'arrivée, ma somnolence s'était immergée dans un état plus profond encore que le sommeil. Le poème que j'écrivis alors restera toujours inséparable, pour moi, de cette nuit sur la plage lointaine. Je ne sais s'il pourra plaire sans l'accompagnement du souvenir auquel je l'associe. Dans ce doute, il fut laissé de côté par l'édition de Mohita Babu. Mais peut-être sera-t-il permis de lui faire place ici, parmi ces souvenirs.

Laissez-moi me plonger et me perdre dans les profondeurs de minuit.

Que la terre m'affranchisse de son emprise en me libérant de sa poussière, qui m'est en osbtacle,

Malgré l'ivresse du clair de lune,
Veillez de loin, ô étoiles !
Laissez l'horizon étendre encor ses ailes autour de moi !

Qu'il n'y ait plus ni chant, ni paroles ; aucun contact, aucun son ; qu'il n'y ait plus ni sommeil, ni réveil, rien que la clarté lunaire inondant le ciel et mon être, éperdus dans l'extase.

Le monde m'apparaît comme un vaisseau portant des pèlerins innombrables et qui s'éloigne dans le bleu lointain du ciel, le chant de ses matelots s'affaiblissant de plus en plus dans les airs.

Tandis que je me perds dans le sein de la nuit sans bornes, mon être s'éloigne de moi, pâlit et diminue jusqu'à n'être plus qu'un point dans l'espace.

Il faut remarquer, à ce propos, que le seul fait d'avoir été écrit sous l'empire d'un sentiment très profond ne suffit pas à donner à un poème une valeur littéraire. Il arrive, au contraire, qu'un tel sentiment agit comme un frein sur l'expression verbale et la tient en échec. Si l'écrivain ne doit pas être éloigné de ce qu'il veut traduire en paroles, ce n'est pas non plus quand il en est le plus rapproché qu'il trouve la meilleure forme poétique pour le décrire.

Le pinceau d'élection pour poser la couleur juste en poésie, c'est la mémoire. La proximité immédiate du sujet a quelque chose d'impératif qui ne laisse pas l'imagination assez libre. Non seulement pour l'œuvre poétique, mais pour toute œuvre d'art, un certain recul est nécessaire à l'artiste pour contempler son sujet. La faculté créatrice doit conserver la maîtrise absolue. Si le sujet s'impose avec trop de force, il n'en résulte qu'une répétition de l'impression reçue, et non l'image de beauté que peut produire l'esprit de l'artiste lorsque cette impression se réfléchit en lui.

37. — « La Revanche de la Nature. »

J'écrivis à Karwar un poème dramatique : *Prakritir Pratishodha* (La Revanche de la Nature). Son héros, un Sanyasi (ermite), s'était proposé de vaincre la nature en s'affranchissant de tout désir et de toute affection, afin de parvenir à une connaissance vraie et profonde de lui-même. Une petite fille le détourne de ce dessein et le fait revenir au monde et aux affections humaines. Le Sanyasi réalise alors que le très grand peut être trouvé dans le très petit, l'infini dans les limites de la forme, et la liberté éternelle de l'âme, dans l'amour. Il comprend que ce n'est qu'à la lumière de l'amour que les limites s'immergent dans l'illimité.

La baie de Karwar est assurément un lieu d'élection pour réaliser que la beauté de la nature n'est pas un mirage de l'imagination, mais qu'elle reflète la joie de l'infini et nous appelle à nous plonger en lui.

Là où l'univers se manifeste particulièrement par la grandeur de ses lois, il n'est pas étonnant que son infinité nous échappe, mais là où le cœur entre en contact avec la beauté des choses les plus infimes, qu'est-ce que devient l'argumentation ?

La nature conduit le Sanyasi, par le chemin du cœur, en présence de l'Infini régnant sur le fini comme un roi sur son trône. Dans la *Revanche de la Nature*, on voit, d'un côté, les passants et les villageois, contents de la trivialité de leur vie domestique et ignorant l'existence de ce qui la dépasse, et de l'autre côté, le Sanyasi, absorbé par l'effort du renoncement à tout et à lui-même, pour atteindre à un infini créé par son imagination. Quand l'amour construit un pont sur l'abîme qui les séparait, et quand l'ermite et le villageois se rencontrent, l'apparence triviale du fini et le vide apparent de l'infini s'évanouissent tous les deux à la fois.

Sous une forme un peu modifiée, c'était l'histoire de ma propre expérience, celle de ce rayon de lumière ineffable qui se fit jour jusqu'au fond du souterrain où je m'étais séparé du monde, et qui m'unit de nouveau et plus complètement avec la nature.

La *Revanche de la Nature* peut être envisagée comme une introduction à toute mon œuvre littéraire ultérieure ; ou, pour mieux dire, tel a été le sujet développé dès lors dans tous mes écrits : la joie d'atteindre à l'Infini au sein du fini.

En revenant de Karwar, je composai en voyage quelques poèmes pour la *Revanche de la Nature*. Le premier de ces poèmes me remplit de contentement tandis que je le chantais et l'écrivais sur le pont du vaisseau.

> Mère, confiez-nous votre enfant chéri,
> Laissez-nous l'emmener au pâturage où nous gardons nos troupeaux (1).

(1) Ces paroles sont adressées à Yashoda, la mère de Krishna, par ses compagnes. Yashoda revêt chaque matin son petit bien-aimé de ses habits safran et lui met une plume de paon dans les cheveux. Mais le moment venu, elle s'inquiète de le laisser partir, si jeune, pour rejoindre les bergers au pâturage. C'est pourquoi il faut beaucoup de persuasion pour la décider Ceci est une partie de la parabole *Vaishnava*, qui représente le jeu de Krishna avec le monde, sous son aspect enfantin.

Le soleil s'est levé, les bourgeons s'ouvrent, les jeunes bergers s'en vont au pâturage. Ils ne veulent pas que le soleil, les fleurs et les jeux restent vides ; il leur faut la présence de leur *Shyam* au milieu de tout cela. Ils veulent voir l'Infini dans la ravissante beauté qui est la sienne ; ils sont venus de bon matin parce qu'ils désirent se joindre à ses joyeux ébats dans les bois, les champs, les collines, les vallons, et non l'admirer à distance dans la majesté de sa puissance. Leur appareil est des plus modeste. Un simple vêtement couleur de safran et une guirlande de fleurs des champs. C'est tout l'ornement requis. Car là où la joie règne tout alentour, ce serait la perdre que de la poursuivre péniblement ou de la chercher dans la pompe et par des moyens de circonstance.

Peu après mon retour de Karwar eut lieu mon mariage. J'étais âgé de vingt-deux ans.

38. — « **Peintures et Chants.** »

Ghabi o Gan (Peintures et Chants), tel fut le titre d'un volume de poèmes, pour la plupart composés alors.

Nous habitions une maison avec jardin, située à la rue Circulaire. Tout auprès se trouvait un grand *Busti* (1). Assis près d'une fenêtre, j'observais sou-

(1) Un Busti est un espace de terrain tout couvert de maisonnettes chétives aux toits de tuiles, séparées par d'étroites ruelles qui les relient à une rue principale. Là demeurent des gens de service et des artisans de la classe la plus pauvre. Autrefois, on rencontrait de ces agglomérations un peu partout dans la ville, même dans les meilleurs quartiers, d'où elles disparaissent aujourd'hui.

vent cette petite colonie populeuse. J'aimais à en voir les habitants à leur ouvrage, à leurs jeux ou à leur repos et dans leurs divers va-et-vient. C'était pour moi comme un livre d'histoires vivant.

Je possédais alors une faculté de vision inépuisable. J'encadrais chaque petit tableau dans la lumière de mon imagination et dans la joie de mon cœur. En même temps, chaque scène entrevue était colorée par un élément pathétique qui lui était propre. Le plaisir de tracer ces visions ressemblait beaucoup à celui d'un peintre, l'un et l'autre provenant du désir de voir avec l'esprit ce que l'œil aperçoit, et de voir avec les yeux ce que l'esprit imagine.

Eussé-je été un vrai peintre armé d'un pinceau, que j'aurais sans doute essayé de garder quelque chose de durable des visions de cette époque, où mon esprit était si bien disposé à répondre à ce qui le frappait. Mais, privé de pinceau, je ne disposais que de mots et de rythmes, et, à l'aide de ceux-ci, je n'avais pas même appris encore à tracer des lignes fermes et à poser des couleurs aux contours bien nets. Néanmoins, comme les enfants ravis de leur première boîte de couleurs, je passais mes journées à colorier les fantaisies bigarrées de ma jeunesse renouvelée. Si l'on regarde aujourd'hui ces peintures à la lumière de mes vingt-deux ans, on peut y discerner encore quelques contours, malgré le dessin imparfait et les défectuosités de la couleur.

Le premier livre de ma vie avait pris fin, disais-je, avec les *Chants du Matin*. Mais le même sujet continuait à se développer en moi sous une autre forme. Plusieurs pages, au début de ce nouveau livre, sont, à coup sûr, sans valeur; il faut, en effet, passer par bien des préliminaires superflus quand on prend une nouvelle orientation. Si ces ébauches imparfaites avaient été les feuilles d'un arbre, elles seraient dûment tombées ; mais malheureusement, les feuilles d'un livre ne tombent pas ; elles tiennent bon alors même qu'on n'en a plus que faire. Le trait caractéristique de ces poèmes, c'était l'attention soutenue consacrée à des choses de peu d'importance. Dans *Peintures et Chants*, chaque occasion est saisie pour donner à ces choses du prix en les colorant de sentiments venus droit du cœur.

Quand l'esprit, comme un instrument de musique, est accordé avec l'univers, le chant de la vie universelle y éveille des vibrations sympathiques, quel que soit le point où il le touche. C'était parce que cette musique régnait au dedans de lui que l'auteur de ce livre ne voyait rien de trivial nulle part. Tout ce qui frappait mes yeux évoquait une réponse en moi. Les enfants jouent avec du sable, des cailloux, des coquilles, n'importe quoi, parce que l'esprit du jeu est en eux ; nous, de même, quand le chant de l'éternelle jeunesse nous remplit tout entier, nous comprenons que la harpe de l'univers a tendu partout ses cordes et que la plus proche, aussi bien que toute autre, peut nous servir d'accompagnement.

39. — Une période intermédiaire.

Entre *Peintures et Chants* et *Pics abrupts et Terrains Plats*, une Revue pour enfants, intitulée le *Balaka*, apparut et disparut comme une plante annuelle. Ma seconde belle-sœur, constatant qu'un magazine illustré pour enfants nous faisait défaut, eut l'idée d'en fonder un, en le faisant rédiger par les enfants de notre famille. Pour suppléer à ce qui pourrait manquer à ces écrivains juvéniles, elle s'en fit elle-même l'éditeur et me pria d'y collaborer. Un ou deux numéros avaient paru, quand je me rendis un jour en visite chez Raynarayan Babu, à Deoghur. En revenant dans un train bondé, empêché de dormir par une lampe aveuglante au-dessus de ma couchette, je voulus profiter de l'occasion pour inventer une histoire pour cette Revue. Mes efforts furent vains. Ce fut le sommeil qui vint à ma rescousse. Je vis en rêve des marches de pierre conduisant à un temple, et sur ces marches, du sang, le sang d'un sacrifice. Une fillette, debout près de son père, s'écriait d'un accent désolé : « Père, qu'est-ce que cela ? Pourquoi tout ce sang ? » Au réveil, j'avais mon histoire. Bien d'autres, publiées dans mes écrits, me sont venues à l'esprit de cette façon. Celle-ci fut utilisée dans les *Annales du Roi Gobinda* et j'en fis un petit feuilleton pour le *Balaka*.

Ces jours-là étaient un temps libre de tout souci. Rien ne semblait pressé de s'exprimer dans ma vie ni dans mes ouvrages. N'ayant pas encore rejoint la foule des voyageurs sur le chemin de la Vie, je n'étais qu'un spectateur à sa fenêtre, au bord de la route. Je voyais passer les gens allant à leurs affaires, et, de temps à autre, le printemps ou l'automne, ou les pluies, entraient sans invitation et me faisaient visite.

Mais je n'avais pas à faire seulement avec les

saisons. Des individus de types étranges, flottant dans le monde comme des bateaux à la dérive, faisaient parfois irruption dans ma petite chambre. Les uns cherchaient leur profit aux dépens de mon inexpérience, par toutes sortes d'inventions saugrenues. C'était prendre trop de peine pour me mystifier. Absolument dénué d'artifices, ayant moi-même peu de besoins, je manquais de toute perspicacité pour distinguer la bonne foi de la mauvaise. Longtemps j'ai payé les études et les livres d'étudiants qui ne faisaient pas plus d'études qu'ils ne lisaient de livres.

Une fois, un jouvençal aux longs cheveux m'apporta une lettre d'une sœur fictive, qui me suppliait de prendre sous ma direction ce frère, victime de la tyrannie d'une belle-mère, aussi fictive qu'elle-même. Le frère, lui, n'était pas fictif, évidemment, mais l'intervention de sa prétendue sœur était aussi superflue vis-à-vis de moi qu'un appareil perfectionné d'oiseleur pour attraper un oiseau qui ne peut voler...

Un autre jeune homme vint m'informer qu'il travaillait pour obtenir le grade de bachelier, mais qu'une maladie de cerveau l'empêchait de passer ses examens. Je l'écoutai avec intérêt, mais ignorant la médecine comme toute autre science, je ne sus quel conseil lui donner. Alors il m'expliqua qu'un rêve lui avait révélé que ma femme avait été sa mère dans une existence précédente, et que, s'il pouvait boire un peu d'eau ayant touché ses pieds, il serait guéri. « Vous ne croyez peut-être pas à ces choses ? » me demanda-t-il en souriant. — Ma croyance répondis-je, ne fait rien à l'affaire, mais s'il croyait pouvoir être guéri de cette façon, je ne m'y opposais pas. Et je lui procurai un flacon d'eau, supposé avoir touché les pieds de ma femme. Il se sentit infiniment mieux, dit-il. Puis il passa à de la nourriture solide, et finit par élire domicile dans un coin de ma chambre, où il invita ses amis à venir fumer en sa compagnie, si bien que je dus chercher refuge ailleurs. Après cela, j'exigeai preuve sur preuve lorsqu'on vint me parler d'enfants d'existences précédentes, mais ma réputation était faite, car bientôt après je reçus une lettre d'une fille prétendue. Là, toutefois, je posai doucement, mais fermement, le point final.

De fait, mon moi n'avait pas été moulé encore, ni développé en une personnalité ferme et définie, et ma vie flottait légère et sans résistance, comme un nuage en automne.

40. — Bankim Chandra

C'est alors que j'entrai en relations suivies avec Bankim Babu. Longtemps auparavant, j'avais eu de lui un premier coup d'œil. Les anciens étudiants de l'Université de Calcutta avaient inauguré des assemblées annuelles, dont Babu Chandranath était l'inspirateur. Dans l'espoir, peut-être, que j'acquerrais plus tard le droit d'en faire partie, celui-ci m'avait demandé de lire un poème à cette occasion. Chandranath, alors très jeune encore, avait traduit en anglais un poème martial allemand, qu'il se proposait d'y réciter, et, dans son enthousiasme, il vint nous en donner la primeur. Qu'une ode, adressée par un guerrier à son épée chérie, ait jamais pu être l'objet de ses prédilections, c'est bien la preuve évidente que Chandranath lui-même fut une fois jeune. Cela donne aussi une idée de ces singuliers temps.

Tandis que je circulais parmi les étudiants, j'aperçus soudain une figure qui me frappa d'emblée par sa distinction et qui n'aurait pu passer inaperçue dans aucune foule. Les traits de ce grand personnage blond étaient éclairés d'un rayonnement si remarquable que je ne pus contenir ma curiosité à son sujet. Quand j'appris que c'était Bankim Babu, je fus encore plus émerveillé de la coïncidence de cet extérieur frappant avec la distinction de ses écrits. Ce nez aquilin, de forme accentuée, ces lèvres serrées, ce regard pénétrant indiquaient une immense puissance. Les bras croisés sur sa poitrine, il marchait isolé, dominant la foule, non seulement comme un géant intellectuel, mais avec l'air d'un prince entre les hommes.

Un petit incident me revient encore : Dans une des salles, un Pandit récitait des vers sanscrits de sa composition, les interprétant ensuite en bengali à l'auditoire. Une des allusions de ce poème était — non pas exactement grossière, mais un peu triviale. Comme le Pandit allait l'interpréter, Bankim Babu, couvrant son visage de la main, sortit rapidement de la salle. J'étais près de la porte et je vois encore ce geste de recul et d'éloignement.

Après cette rencontre, j'eus grande envie de le connaître, sans en trouver l'occasion. Enfin, je m'enhardis un jour à l'aller voir. Il me reçut, et je fis de mon mieux dans la conversation ; mais en retournant chez moi, je me sentis pris de confusion d'avoir agi comme un jouvenceau présomptueux en me présentant ainsi sans être invité ni introduit.

Dans la suite, quelques années s'étant ajoutées à mon âge, je devins le plus jeune des hommes de lettres de ce temps. Mais on ne savait guère encore quelle place m'assigner dans l'ordre du mérite. Le peu de réputation que j'avais acquis était mêlé de doutes et de beaucoup de condescendance. C'était la mode alors au Bengale de qualifier les écrivains par leur prétendue analogie avec des compères d'Occident. L'un, par exemple, était surnommé le Byron du Bengale, un autre, l'Emerson, et ainsi de suite. Quelques-uns commencèrent à m'intituler le Shelley bengalais. C'était faire une injure gratuite à Shelley et m'exposer au ridicule.

Mon surnom le plus répandu était : Le Poète Balbutiant. Je n'avais produit que peu de chose, maigre était ma connaissance de la vie et, en prose comme en poésie, je faisais preuve de plus de sentiment que de substance. Il n'y avait donc pas de quoi motiver de grands éloges. Egalement criticables étaient mon extérieur et mes façons. Je portais les cheveux longs et me complaisais dans des manières ultra-raffinées. Bref, j'étais excentrique et ne pouvais m'adapter, comme tout le monde, à la vie quotidienne.

Bankim Babu, ayant cessé d'éditer le *Banga Darsan* (Miroir du Bengale) s'adonnait à des discussions d'ordre religieux. Il fonda dans ce but un organe mensuel, *Prachar* (Le Prédicateur), auquel je contribuai par quelques chants et par une apologie enflammée des lyriques *Vaishnava.* Dès lors, je rencontrai constamment Bankim Babu. Les fréquentes visites que je lui rendais n'amenaient que peu d'échange, car j'étais à l'âge où l'on écoute plutôt qu'on ne parle. J'aurais ardemment désiré entrer en discussions, mais ma timidité prévalait. Quelquefois je trouvais auprès de Bankim Babu son frère Sanjib Babu, et j'en étais ravi, car c'était une âme géniale. Il prenait grand plaisir à la conversation et l'on se délectait à l'entendre causer. Ceux qui connaissent sa prose doivent avoir remarqué comme elle court rapide, enjouée et légère, semblable à une causerie pétillante. Bien peu de gens possèdent ce talent de conversation, et plus rares encore sont ceux qui en manifestent quelque chose dans leurs écrits.

Ce fut alors que le Pandit Sashadhar devint célèbre, comme porte-parole d'une curieuse initiative. Bankim Babu fut le premier à me parler de lui, et le premier, je crois, à l'introduire devant le public. L'orthodoxie hindoue essayait de raviver son prestige à l'aide de la science d'Occident. Ce mouvement, auquel la Théosophie avait préparé le terrain, s'étendit bientôt dans tout le pays. Bankim Babu, cependant, ne s'identifia point avec ce nouveau culte. L'hindouisme exposé dans le *Prachar* n'eut jamais rien à faire avec Sashadar.

Ces controverses me firent sortir de ma réclusion. J'y contribuai par des vers satiriques, des pièces de théâtre, des lettres aux journaux, et bientôt je me mis à croiser le fer avec acharnement. Dans la chaleur du combat, il m'arriva de heurter Bankim Babu, et il s'en suivit une polémique, dont le *Prachar* et le *Bharati* reproduisirent les péripéties. A la fin de cette période d'antagonisme, Bankim Babu m'adressa une lettre, dont malheureusement le texte n'est plus entre mes mains. Si je pouvais le citer ici, le lecteur verrait avec quelle générosité consommée Bankim Babu sut enlever l'aiguillon de ce malencontreux épisode.

41. — La coque de vaisseau.

Leurré par une annonce de journal, mon frère Jyotirindra se rendit un après-midi à une vente aux enchères, et à son retour nous apprit qu'il avait acheté pour sept mille roupies une coque de vaisseau en acier. Tout ce qui restait à faire, c'était d'y mettre des machines et des cabines, et l'on aurait un paquebot prêt à prendre la mer.

Mon frère, apparemment, trouvait que nos concitoyens devaient avoir honte de tant mouvoir leurs plumes et leurs langues sans avoir pu mettre encore en mouvement une seule ligne de paquebots. J'ai narré plus haut qu'il avait voulu allumer pour son pays des allumettes, mais qu'aucun frottement n'était parvenu à les faire flamber ; et qu'ensuite il avait essayé de faire marcher un métier de tisserand, mais qu'après avoir produit un seul petit torchon, le métier s'était arrêté. Et voici qu'enflammé du désir de voir circuler des paquebots indigènes, il achetait une vieille coque de bateau vide, qui, dûment munie de machines et de cabines, devait avec le temps le conduire à la ruine.

Il importe, cependant, de se rappeler que les désastres et les peines causées par ces vains efforts retombèrent tous sur lui seul, tandis que l'expérience acquise resta en réserve, au profit de tout le pays. Ce sont ces esprits dénués de sens pratique et incapables de calcul qui inondent, chez nous, le champ des affaires de leurs initiatives, et, quoique le flot de leurs entreprises s'écoule aussi vite qu'il est monté, il n'en laisse pas moins derrière lui un limon fertilisateur du sol. La saison des récoltes venue, personne ne se souvient de ces pionniers ; mais eux qui, de leur vivant, avaient joyeusement risqué et perdu tout ce qu'ils possédaient, ne doivent pas, après leur mort, prendre très à cœur le dommage additionnel d'être oubliés.

D'une part, il y avait la Compagnie Européenne « La Flottille » ; de l'autre, mon frère Jyotirindra tout seul. On se rappelle à Khulna et à Barisal la terrible guerre qui se déchaîna entre ces deux flottes rivales. Sous l'aiguillon de la concurrence, un paquebot dut être ajouté à l'autre, et une perte vint aggraver l'autre, tant et si bien qu'il ne valut plus la peine d'imprimer des billets. Alors s'inaugura l'âge d'or dans le service des paquebots entre Khulna et Barisal. Non seulement les voyageurs circulèrent sans payer leur passage, mais il leur fut offert à titre gracieux de légers rafraîchissements. Un corps de volontaires se forma pour les amener en cortège, avec drapeau et chants patriotiques, à la ligne nationale de paquebots. Et si, en conséquence, les passagers ne manquèrent pas, toutes les autres choses firent de plus en plus défaut. L'arithmétique resta réfractaire à la ferveur du sentiment national et, tandis que l'enthousiasme flambait de plus en plus haut au son des refrains patriotiques, trois fois trois continuèrent à faire neuf du mauvais côté de la balance.

L'un des désavantages qui poursuivent les gens peu aptes aux affaires, c'est qu'ils sont faciles à lire comme un livre ouvert, tandis qu'ils n'apprennent jamais eux-mêmes à déchiffrer les caractères d'autrui Et comme il leur faut toute la durée de leur vie et la totalité de leurs ressources pour se rendre compte de cette défectuosité de leur nature, jamais l'occasion ne leur est donnée de profiter de l'expérience.

Tandis que les passagers se rafraîchissaient gratis, la direction ne parut pas non plus souffrir de famine. Quoi qu'il en soit, ce fut à mon frère qu'échut le plus beau profit : une ruine à laquelle il fit face avec une superbe vaillance.

Les bulletins quotidiens du théâtre de l'entreprise nous maintenaient dans une excitation fiévreuse. Un jour arriva la nouvelle que le paquebot *Swadeshi*, ayant heurté le pont de Howrah, coulait. Ce dernier désastre dépassa les limites des ressources de mon frère; il ne lui resta plus qu'à liquider l'entreprise.

42. — **Deuils.**

A ce moment la mort visita notre famille. Auparavant, je ne l'avais jamais rencontrée face à face. Quand ma mère était morte, j'étais encore très jeune enfant. Elle avait été malade longtemps et nous ne sûmes pas quand sa maladie s'était aggravée. Jadis, elle dormait toujours dans la même chambre que nous ; puis, au cours de sa maladie, on l'emmena faire un voyage sur la rivière, et au retour, une chambre fut préparée pour elle au troisième étage des appartements intérieurs. La nuit de sa mort, nous dormions dans notre chambre d'enfants quand, à je ne sais quelle heure, notre vieille bonne fit irruption chez nous en pleurant et en s'écriant : « Oh ! mes petits, vous avez perdu votre tout ! » Ma belle-sœur la fit taire et l'éloigna, voulant nous épargner le choc soudain au milieu de la nuit. A demi éveillé, je sentis le cœur me manquer, mais sans comprendre ce qui s'était passé. Le matin venu, je ne me rendis pas compte de ce que signifiait pour moi la mort que l'on m'annonçait. Quand nous sortîmes sur la véranda, nous vîmes ma mère étendue sur son lit dans la cour intérieure. Son apparence n'indiquait pas que la mort fût terrible ; son aspect était aussi charmant et aussi paisible que dans le sommeil et rien ne nous fit réaliser le gouffre entre la vie et la mort.

Seulement quand on emporta le corps par l'allée principale et quand nous le suivîmes en cortège jusqu'au crématoire, un transport de douleur me saisit à l'idée que jamais ma mère ne rentrerait par cette porte et ne reprendrait sa place dans la maison. A la fin de la journée, quand nous revînmes de la crémation, en entrant dans notre corps de logis, je levai les yeux vers l'appartement de mon père au troisième étage. Il était encore là, sur la véranda, assis immobile, en prière.

La plus jeune de mes belles-sœurs prit charge des petits orphelins, surveilla elle-même notre nourriture et veilla à nos besoins, pour que nous ne sentions pas trop durement notre perte.

Tout ce qui vit est doué du pouvoir de guérir l'irréparable, d'oublier ce qui est perdu sans retour. Et c'est dans l'enfance que ce pouvoir est le plus grand. Aucun choc ne pénètre trop profondément, aucune cicatrice n'est permanente. C'est ainsi que cette première ombre de la mort qui tomba sur nous ne laissa pas de ténèbres derrière elle. Elle se dissipa doucement comme elle était venue, comme une ombre.

Plus tard, quand aux premiers jours du printemps, je courais dehors comme un petit fou, une poignée de brins de jasmin nouée dans un coin de mon écharpe de mousseline, si ces boutons de fleurs, doux et arrondis, venaient à toucher mon front, ils me rappelaient soudain la caresse des doigts de ma mère. Et je sentais aussi que la tendresse qui jadis animait ces doigts charmants était celle qui s'exprime dans la pureté de ces fleurs. Car cette tendresse est là, sur la terre, dans une mesure infinie, que nous le sachions ou non.

Par contre, ma rencontre avec la mort à l'âge de vingt-trois ans fut un coup durable, qui se prolongea lors des deuils qui suivirent et les relia tous entre eux comme une chaîne de douleurs.

Jamais je n'avais supposé qu'une brèche pût interrompre la suite des joies et des peines de la vie, et cette vie, je l'avais considérée comme un tout, n'apercevant rien au-delà. Quand soudain la mort vint, et qu'en un instant il se fit une déchirure béante dans cette trame unie, je fus complètement égaré. Tout autour de moi les arbres, le sol, les eaux, le soleil, la lune, les astres, restaient immuables et réels, comme auparavant ; et la personne qui, au milieu d'eux, était plus réelle qu'eux tous par ses mille points de contacts avec ma vie, elle avait disparu comme un rêve, en un moment. Comment concilier jamais ce qui restait avec ce qui avait disparu ?

L'obscurité terrible qui se révélait à moi par cette déchirure me fascinait nuit et jour. Toujours à nouveau je revenais me placer devant elle, me demandant ce qui restait à la place de ce qui était perdu. L'homme ne peut consentir à croire au vide. Ce qui n'existe pas est faux pour lui ; ce qui est faux n'existe pas. De là nos efforts inlassables pour découvrir quelque chose là où nous n'apercevons rien.

Comme une jeune plante reléguée dans l'obscurité s'étire et s'allonge pour trouver une voie vers la lumière, notre âme, quand la mort la plonge soudain dans l'ombre, s'efforce et s'épuise pour trouver une issue affirmative. Quelle angoisse peut se comparer à celle où les ténèbres empêchent de voir la sortie des ténèbres ?

Cependant, au sein de cette douleur intolérable, des clartés fugaces luisaient de temps à autre dans mon esprit et le traversaient en me surprenant. L'idée même qui venait de m'apporter tant d'affliction, l'idée que cette vie n'est pas permanente, s'offrait à moi comme un allègement. La pensée que nous ne sommes pas enfermés dans cette existence comme entre les murs d'une prison surgissait en moi avec un éclair de joie. Ce que j'avais possédé m'était arraché, c'était une cause de détresse ; mais quand j'y apercevais cette idée de liberté, une paix s'approchait de moi. Le poids accablant de l'existence pouvant être allégé par la mort, il cessait de m'écraser. Il y a donc pour l'homme une issue hors des forces hostiles d'une vie qu'il ne peut endurer — cette vérité m'apparut un jour comme une révélation soudaine et bienfaisante.

Mes liens avec le monde s'étant relâchés, la beauté de la nature revêtit pour moi une signification plus profonde. La mort m'avait donné une nouvelle perspective pour contempler la création, et voyant l'univers se détacher sur l'arrière-plan de la mort, je lui trouvai une beauté insoupçonnée.

Une recrudescence d'excentricité se manifesta bientôt dans mes idées et dans ma conduite. Je ne pouvais supporter de me soumettre aux coutumes du jour, ni les prendre au sérieux. Toute préoccupation de ce qu'on pourrait penser de moi disparut de mon esprit. On put me voir dans des librairies en vogue, drapé dans une simple toile rugueuse et des sandales à mes pieds nus... Par tous les temps, je dormais en plein air sur la véranda au troisième étage. Là, les étoiles et moi pouvions converser face à face et dès que l'aube paraissait, je la saluais.

Cette phase n'avait rien de commun avec des tendances ascétiques. C'était plutôt la fugue d'un écolier qui vient de s'apercevoir que son magister, la Vie, avec sa férule, n'est qu'un mythe et qui, en conséquence, se secoue des menus réglements de l'école. Si, un beau matin, nous trouvions la loi de gravitation diminuée des trois quarts, continuerions-nous à marcher sur le trottoir ? N'enjamberions-nous pas bien plutôt les maisons et les monuments, pour nous épargner la peine de les contourner ? Ainsi le poids de la vie extérieure n'alourdissant plus mes pieds, je ne pouvais plus m'astreindre au cours usuel des conventions.

Seul sur la terrasse, dans l'obscurité des nuits, je tâtonnais comme un aveugle en cherchant sur la pierre noire de la mort une inscription ou un signe. Au réveil, quand la lumière matinale frappait mon lit découvert, je sentais le brouillard qui m'enveloppait devenir moins dense. Dès que les nuées se dissipent, les collines, les rivières et les forêts du paysage resplendissent ; de même, alors, l'image du monde, brillante de rosée, se déroulait devant moi renouvelée et plus belle que jamais.

43. — Les pluies et l'automne

D'après le calendrier hindou, chaque année est sous l'influence d'une planète. J'ai constaté aussi que sur chaque époque de ma vie une saison a exercé la prédominance. Quand je me reporte à mon enfance, c'est la saison des pluies qui enveloppe mes souvenirs.

Une averse a inondé la véranda. Toutes les portes des chambres sont closes. Peari, la vieille fille de cuisine revient du marché, son panier plein de légumes au bras. Ruisselante, elle patauge à travers les flaques d'eau. Et moi, sans rime ni raison, je galope tout le long de la véranda dans des transports de plaisir.

Ou encore, je suis à l'école. La classe se tient dans un péristyle à colonnade, séparé du dehors par des paravents de nattes. Nuage après nuage s'est amassé tout l'après midi ; à présent, le ciel en est couvert. Tandis que nous regardons en l'air, il commence à pleuvoir ; le tonnerre roule longuement ; les éclairs traversent l'espace de part en part, comme si une folle le déchirait avec ses ongles. La paroi de nattes, tremble ; on dirait que le vent va la renverser sur nous. Nous ne voyons plus rien dans nos livres ; le Pandit nous permet de les fermer. Alors, tandis que l'orage hurle et se déchaîne, nous restons les jambes ballantes, et mon esprit s'échappe et fuit au loin vers la lande où passe le prince des contes de fées.

Et la profondeur des nuits de *Sravan* (1) ! Le bruit crépitant de l'averse s'infiltre par les interstices de ma somnolence et me remplit d'un repos délicieux, plus profond que le sommeil. Quand, par instants, je m'éveille, j'implore le ciel que la pluie dure jusqu'au matin, que notre allée soit submergée et que l'escalier de l'étang soit sous l'eau jusqu'à la dernière marche.

Mais à l'âge dont je viens de parler en dernier lieu, c'est l'automne qui règne sur ma vie. Mes jours m'apparaissent sous la claire transparence des loisirs d'*Aswin* (2). Dans l'or fondu du soleil d'automne, reflété par la verdure mouillée de rosée, je marche

(1) Mois qui correspond à juillet-août, moment culminant de la saison des pluies.

(2) Mois qui correspond à septembre-octobre, moment des plus longues vacances de l'année, au Bengale.

le long de la véranda en composant un chant sur le mode *Jogiya* :

> Dans cette lumière matinale, je ne sais ce que mon cœur désire...

La journée s'avance. Le gong de la maison retentit. C'est midi.

Le mode a changé, mais mon esprit, encore plein de musique, n'a de place à donner ni au travail, ni au devoir. Et je chante :

> Quel est ce jeu puéril, mon cœur, qui t'absorbe en toi-même durant ces heures sans but ?

L'après midi, étendu sur le blanc tapis de ma petite chambre, j'essaie de tracer des dessins sur un cahier, non pas dans l'effort de produire quelque chose mais en me jouant, pour le plaisir d'évoquer des images. Pendant ce temps, la sereine journée d'au omne pénètre au travers des parois de cette petite chambre et la remplit, comme une coupe, d'un breuvage enivrant et doré.

Je ne sais pourquoi tous les jours de cette période m'apparaissent comme immergés dans ce firmament d'automne et dans sa lumière. C'est l'automne qui mûrit mes chants comme elle mûrit les blés pour le moissonneur, l'automne qui remplit mes greniers de radieux loisirs, l'automne qui inonde d'une joie irraisonnée mon esprit allégé de tout fardeau et se délectant des chants et des histoires qu'il invente

Voici en quoi diffèrent ces deux saisons caractéristiques de mon enfance et de ma jeunesse : durant la première, c'est le monde de la nature qui m'enveloppe en me captivant par ses multiples manifestations ; durant la seconde, la fête qui se déroule, c'est la manifestation du monde des hommes. Les jeux de nuage et de la lumière restent à l'arrière-plan. Mon esprit se remplit des murmures de la joie et de la douleur humaines. Car c'est notre regard qui donne son expression pensive au bleu du ciel d'automne ; c'est notre nostalgie qui passe dans le souffle de ses brises.

Mes poèmes ont frappé à la porte des hommes. Ce n'est plus un va et vient sans conséquence. Porte après porte s'entr'ouvre, chambre après chambre. Que de fois l'on s'en retourne en n'emportant que le souvenir de la clarté d'une fenêtre aperçue, ou du son d'une flûte entendu derrière la porte d'un palais ! Pour qu'un échange puisse s'établir, l'esprit doit rencontrer un esprit, la volonté doit se mesurer avec une volonté, en triomphant de maints obstacles. Le fond de notre être, en lutte avec ces obstacles, s'élance, rebondit, jaillit en rire ou en larmes, et traverse des tourbillons dont il est difficile de discerner le cours.

44. — « Kadi o Komal. »

Kadi o Komal (Pics abrupts et terrains plats) est une sérénade chantée dans la rue, devant les maisons des hommes, pour implorer l'accès à leurs demeures mystérieuses,

> Le monde est doux. Je ne voudrais pas mourir.
> Je voudrais vivre dans la vie à jamais vivante de l'Homme

C'est la prière d'une âme individuelle à la Vie universelle.

En route pour mon second voyage en Angleterre, j'avais rencontré sur le vaisseau Asutosh Chauduri. Muni du grade de bachelier de l'Université de Calcutta, il se rendait en Angleterre pour être admis au barreau. Nous ne fîmes route ensemble que peu de jours, de Calcutta jusqu'à Madras, mais on vit bien alors qeu l'amitié ne dépend pas de rapports prolongés ; en ces quelques jours, par les qualités de son cœur, il m'attira si vivement à lui que toute notre vie précédente parut se remplir rétrospectivement de notre amitié.

A son retour d'Angleterre, Ashu devint l'un des nôtres (1).

Quelque absorbé qu'il fût par sa profession, il continuait à butiner avec enthousiasme dans les jardins de la littérature. Ses goûts poétiques, bien loin de sentir le renfermé des bibliothèques, étaient embaumés des senteurs exotiques de la poésie d'outre-mer. J'ai fait à sa suite plus d'un pique-nique dans les forêts printanières de ces lointaines régions. Il goûtait particulièrement la littérature française. J'écrivais alors *Kadi o Komal*. Ashu crut discerner quelque analogie entre mes vers et les œuvres d'anciens auteurs français à lui connus. Les uns et les autres expriment, disait-il, l'attrait irrésistible qu'exerce, sur l'esprit du poète, la large vie du monde humain. Il voyait dans le désir inassouvi d'y participer le trait le plus saillant de mon dernier ouvrage.

Je voudrais publier ces poèmes, me dit-il. En conséquence, cette tâche lui fut confiée. Les lignes citées

(1) Allusion à son mariage avec la nièce du poète, Pratibha.

plus haut furent placées en tête du volume, comme sa note dominante.

Ashu avait probablement raison. Comme l'enfant captif que j'étais jadis offrait son cœur à la nature, en la contemplant ardemment du haut de la terrasse par les interstices du parapet, le jeune homme que j'étais devenu subissait l'attraction puissante du monde humain et le regardait du dehors avec un désir passionné. Du rivage, je hélais le batelier conduisant le bac sur l'autre rive, et je l'appelais à moi d'un geste suppliant. Car la Vie, en moi, languissait de partir pour le voyage de la vie.

Ce n'était pas ma situation isolée qui m'empêchait de plonger dans le grand courant vital de mes semblables. Ceux de mes compatriotes qui furent des hommes du monde toute leur vie n'entrèrent pas plus avant que moi dans ce courant. Dans notre pays, la vie a ses berges escarpées : elle a ses rampes d'escaliers. Sur les flots sombres s'étend le frais ombrage d'arbres séculaires, du haut desquels le *koel* roucoule son doux chant du passé. Mais avec tout cela, cette vie est une eau stagnante. Où est le courant ? Où en sont les vagues ? Où voit-on monter et descendre la marée, venant de la mer ?

Ne pouvais-je pas entendre, de l'autre côté de notre ruelle, un écho de ce courant de rivière qui, vague après vague, à travers des murs de pierre, se fraie une voie vers la mer ? Non ! Ma vie, dans sa solitude, s'usait du chagrin de n'être pas invitée à participer au grand festival de la vie du monde.

Une profonde dépression envahit l'âme d'homme qui, somnolente en ces heures passives d'isolement, se voit privée de participation à la vie totale de son temps. C'est contre ce désespoir que j'eus toujours péniblement à lutter. Mon esprit refusait de se laisser séduire par la banale intoxication des mouvements politiques de ce temps-là, vides, me semblait-il, de toute force procédant d'une réelle conscience nationale, complètement ignorants du pays et indifférents, au fond, au véritable service de la Mère patrie. J'étais tourmenté d'une impatience furieuse, intolérablement mécontent de moi-même et de tout ce qui m'entourait. J'aimerais mieux, me disais-je, être un Bédouin d'Arabie !

Tandis qu'en d'autres pays la vie libre s'épanche en des élans innombrables, et clame joyeusement son impétuosité, notre patrie, comme une mendiante, reste au dehors et jette sur tout cela des regards d'envie. Quand avons-nous eu le moyen de nous vêtir pour y prendre part ? Dans un pays où l'esprit de séparation règne suprême, et où mille barrières infimes se dressent entre les citoyens pour les diviser, ce désir instant de participer à la grande vie collective reste forcément inassouvi.

Je soupirais ainsi pour le monde des hommes, à ce moment, comme jadis j'aspirais à sortir du cercle tracé à la craie où m'enfermaient mes tyrans domestiques. Combien précieux, combien hors d'atteinte, combien éloigné ce monde me paraissait ! Et si nous ne pouvons entrer en contact avec lui, si ses brises ne nous touchent pas, si son courant ne vient pas jusqu'à nous, si aucune route ne s'ouvre pour le libre va et vient du voyage, les choses mortes qui nous entourent s'accumulent et nous ensevelissent jusqu'à ce que toute vie soit étouffée.

Comme dans ma vie intérieure, les saisons se succédaient aussi dans ma carrière littéraire. Tant que celle des pluies avait régné sur mon enfance, ma poésie était restée purement imaginative, nuageuse, toute en orages et en averses. L'expression poétique était vague, les vers désordonnés. L'automne m'apporta les jeux de lumière et d'ombre, mais aussi des promesses de moisson. Avec *Kadi o Komal*, les blés commençaient à sortir de terre. Puis, à mesure que j'entrai en rapport avec le monde des réalités, le style et le mètre des vers prirent de la consistance et s'essayèrent à plus de variétés de formes.

Ici doit prendre fin l'évocation de ces souvenirs. Le voyage de ma vie se poursuit maintenant parmi les demeures des hommes. Le bien et le mal, les joies et les peines que j'y trouve sur mon chemin ne pourraient plus être envisagées comme on feuillette un livre d'images. Trop de créations, de destructions, de victoires, de défaites, de collisions et de fusions s'y succèdent et s'y déroulent.

Il ne me serait pas possible de dévoiler ni de décrire l'art suprême avec lequel mon souverain Guide conduit joyeusement ma vie au travers de tous les obstacles, des antagonismes et des tortuosités de l'existence, pour m'amener un jour à en connaître, dans sa plénitude, l'intime signification. Et puisque je ne saurais révéler le secret de ses desseins, quoi que je voulusse dire d'autre ne pourrait qu'induire en erreur.

C'est pourquoi, ayant amené mes lecteurs jusqu'au seuil de mon sanctuaire intérieur, je dois maintenant prendre congé d'eux.

DU MÊME AUTEUR

Aux Éditions Gallimard

L'OFFRANDE LYRIQUE

LE JARDINIER D'AMOUR *suivi de* LA JEUNE LUNE

LA CORBEILLE DE FRUITS

LA FUGITIVE *suivi de* POÈMES DE KABIR

SOUVENIRS

MASHI

LE NAUFRAGE

AMAL ET LA LETTRE DU ROI

LE VAGABOND ET AUTRES HISTOIRES

SOUVENIRS D'ENFANCE

VERS L'HOMME UNIVERSEL

CONNAISSANCE DE L'ORIENT

1. Tchouang-tseu : *Œuvre complète.*
2. Bibhouti Bhoushan Banerji : *La complainte du sentier.*
3. Zeami : *La tradition secrète du nô,* suivi de *Une journée de nô.*
4. *Contes du Vampire.*
5. Sei Shônagon : *Notes de chevet.*
6. Hymnes spéculatifs du *Véda.*
7. *Au cabaret de l'amour* (*Paroles* de Kabîr).
8. Natsume Sôseki : *Je suis un chat.*
9. Ihara Saikaku : *Cinq amoureuses.*
10. Chen Fou : *Récits d'une vie fugitive (Mémoires d'un lettré pauvre)*
11. Wou King-tseu : *Chronique indiscrète des mandarins,* I.
12. Wou King-tseu : *Chronique indiscrète des mandarins,* II.
13. Akutagawa Ryûnosuke : *Rashômon* et autres contes.
14. Mythes et légendes extraits des *Brâhmanas.*
15. Urabe Kenkô : *Les heures oisives.* Kamo no Chômei : *Notes de ma cabane de moine.*
16. P'ou Song-ling : *Contes extraordinaires du Pavillon du Loisir.*
17. *Histoires qui sont maintenant du passé.*
18. Natsume Sôseki : *Le pauvre cœur des hommes.*
19. Z. Safâ : Anthologie de la poésie persane (XIe-XXe siècle).
20. Ihara Saikaku : *Vie d'une amie de la volupté.*
21. *L'antre aux fantômes des collines de l'Ouest* (Sept contes chinois anciens, XIIe-XIVe siècle).
22. Nguyên Du : *Kim-Vân-Kiêu.*
23. Bankim Chandra Chatterji : *Le testament de Krishnokanto.*
24. Ling Mong-tch'ou : *L'amour de la renarde* (*Marchands et lettrés de la vieille Chine* — Douze contes du XVIIe siècle).
25. Nagaï Kafû : *La Sumida.*
26. Lou Siun : *Contes anciens à notre manière.*
27. *Contes d'Ise.*
28. Kouo Mo-jo : *K'iu Yuan.*
29. Mori Ogai : *Vita sexualis (ou L'apprentissage amoureux du professeur Kanai Shizuka).*
30. Tara Shankar Banerji : *Râdhâ au lotus* et autres nouvelles.
31. Chota Roustavéli : *Le Chevalier à la peau de tigre.*
32. *David de Sassoun.*

33. *Aventures merveilleuses sous terre et ailleurs de Er-Töshtük le géant des steppes.*
34. *Le Livre des Héros* (Légendes sur les Nartes).
35. Confucius : *Les Entretiens.*
36. Lie-tseu : *Le Vrai Classique du vide parfait.*
37. Nguyên Du : *Vaste recueil de légendes merveilleuses.*
38. Toukârâm : *Psaumes du pèlerin.*
39. *Upanishads* du Yoga.
40. Taha Hussein : *Au-delà du Nil.*
41. Lieou Ngo : *L'odyssée de Lao Ts'an.*
42. Lao-tseu : *Tao-tö king.*
43. Ueda Akinari : *Contes de pluie et de lune.*
44. Prince Ilangô Adigal : *Le roman de l'anneau.*
45. Rabindranath Tagore : *La Fugitive*, suivi de *Poèmes de Kabir.*
46. Dazaï Osamu : *La déchéance d'un homme.*
47. *Le poisson de jade et l'épingle au phénix* (Douze contes chinois du XVIIe siècle).
48. Kouo Mo-jo : *Autobiographie (Mes années d'enfance).*
49. Bhairava Prasâd Gupta : *Gange, ô ma mère.*
50. Rabindranath Tagore : *Mashi.*
51. *Le signe de patience* et autres pièces du théâtre des Yuan.
52. *Pañcatantra.*
53. Soûr Dâs : *Pastorales.*
54. Rabindranath Tagore : *Souvenirs.*

Ouvrage reproduit
par procédé photomécanique.
Impression Société Nouvelle Firmin-Didot.
à Mesnil-sur-l'Estrée, le 20 juillet 2001.
Dépôt légal : juillet 2001.
1er dépôt légal : décembre 1991.
Numéro d'imprimeur : 56176.
ISBN 2-07-072433-6/Imprimé en France.

5245